励耘
文库

文学 | Literature

祝鼎民 著

曹植年谱考索
阮籍生平系年考略

北京师范大学出版集团
BEIJING NORMAL UNIVERSITY PUBLISHING GROUP
北京师范大学出版社

目　录

曹植年谱考索

曹植，字子建，沛国谯（今安徽亳州）人。封陈王，谥思，世称陈思王。曾祖腾，为汉中常侍、大长秋。祖父嵩，为曹腾养子，官至太尉。父操，汉丞相，封魏王。母卞氏，生四子。长子丕，代汉称帝，为魏文帝；次子彰，封任城王；三子即植；四子熊，早亡。

植异母兄弟尚有男二十一、女九。其中刘夫人生者有丰愍王昂、相殇王铄、清河长公主（《三国志·魏书五·武宣卞皇后①》注引《魏略》）。环夫人生者有邓哀王冲、彭城王据、燕王宇。杜夫人生者有沛穆王林、中山恭王衮、金乡公主（《曹爽传》注引《魏末传》）、高城公主（《文选》陆机《吊魏武帝文》注引《魏

<hr />

① 本书所引文献多以《三国志》[（晋）陈寿撰：《三国志》，北京，中华书局，1959]为主，为避免繁冗，第一次出现时著录书名、卷数与传记名。后凡引此书者，均简摘传记名，如《三国志·魏书五·武宣卞皇后》，简作《卞后传》，余同。

又，书中注引其他学者文章所出现的《魏志》，是对《三国志》中《魏书》的一般简称，不做更改。简称之缘由，此不细述。

略》)。秦夫人生者有济阳怀王玹、陈留恭王峻。尹夫人生者有范阳闵王
矩。王昭仪生者有赵王幹。孙姬生者有临邑殇公子上、楚王彪、刚殇公
子勤。李姬生者有穀城殇公子乘、郿戴公子整、灵殇公子京。周姬生者
有樊安公均。刘姬生者有广宗殇公子棘。宋姬生者有东平灵王徽。赵姬
生者有乐陵王茂。此外，尚有不知所出者六人，即汉献帝贵人宪、节、
华(《后汉书·献穆曹皇后纪》)，及安阳公主(《荀彧传》)、临汾公主(《司
马芝传》)、升迁亭公主(《桓阶传》)。以上人名除注明者外，均见《武文世
王公传》)。

汉献帝刘协初平三年壬申(192) 一岁

四月，司徒王允等杀董卓。左中郎将、名文学家蔡邕以董卓故，下
狱死。(《后汉书·董卓传》《后汉书·蔡邕传》)

六月，董卓部将李傕、郭汜等攻陷长安，杀王允等。(《后汉书·献
帝纪》)

十二月，曹操追黄巾军至济北，收其精锐，号称青州兵。(《武帝
纪》《资治通鉴》)

曹植生。

《陈思王植传》：太和六年，"发疾薨，时年四十一"。依上推
知，曹植当生于本年。

民案：关于曹植在曹操25个儿子中的排行，不少有影响的著
作中说他是曹操三子，其实，他只是曹操的正妻(继室)卞氏所生的
三子。曹操其他妻妾所生的诸子中，还有比曹植年长的异母兄。除

了曹植的同母兄曹丕、曹彰外，史有明文记载而可考知的有刘夫人所生的异母长兄曹昂（见建安三年），及曹昂胞弟曹铄（参见附录《略说曹丕、曹植的排行》）；周姬所生的曹均（见建安四年），及李姬所生的曹子乘、曹子整（见建安八年及附录《略说曹丕、曹植的排行》）等。故曹植为曹操三子之说不确，是一种误读。

时曹操三十八岁。（《武帝纪》）

孔融四十岁。（《后汉书·孔融传》）

徐幹二十三岁。

《中论·序》："年四十八，建安二十三年春二月，遭厉疾，大命殒颓。"又据《王粲传》，幹卒于二十二年。《中论·序》谓二十三年，与史有异。卢弼《三国志集解》曰："序言幹年四十八，建安二十三年春二月遭疬疾，大命殒颓。按《献帝纪》，建安二十二年大疫。又按裴注引《魏略》云：建安二十三年，太子与吴质书曰：昔年疾疫，亲故多离其灾，徐、陈、应、刘一时俱逝云云，昔年当指二十二年言。序称二十三年者，传写误为三也。"今从之。据此推知本年徐幹二十三岁。

祢衡二十岁。

说见本谱建安三年。

王粲十六岁。（《王粲传》）

吴质十五岁。

按吴质于建安二十四年(219)《答魏太子笺》曰："今质已四十二矣。"上推知生于灵帝熹平七年(178)，至本年应为十五岁（参见建安十九年）。

杨修三岁。

　　《后汉书·杨修传》注引《续汉书》曰："太祖闻之大怒，故遂收杀之。时年四十五矣。"按杨修死于建安二十四年，据此上推，则应生于熹平四年(175)。然《古文苑》载《杨太尉夫人袁氏答书》曰："小儿违越，分应至此。怜其始立之年，毕命埃土。遗育孤幼，言之崩溃。"古人云："三十而立"，始立之年，应为三十岁。其母所言，当为可信。证之《陈思王植传》注引《世语》曰："修年二十五，以名公子有才能，为太祖所器。与丁仪兄弟，皆欲以植为嗣。"若修生于熹平四年，年二十五时应为建安四年(199)，丕、植尚无争储之事。若据《袁氏答书》，杨修应生于初平元年(190)，年二十五时为建安十九年(214)，正丕植争储之时也，今从之。

应璩三岁。

　　《王粲传》注引《文帝叙录》曰，璩"嘉平四年卒"。又据《朱建平传》，璩卒时年六十三，故应璩当生于初平元年。

曹丕六岁，已知射，学骑马。(《典论·自叙》)

初平四年癸酉(193)　二岁

　　春，曹操驻军鄄城。击败袁术，术走宁陵，又追之，术走九江。夏，操还军定陶。(《武帝纪》)

　　植祖父嵩避难琅邪，为陶谦部下所杀，秋，操引兵击谦，攻拔十余城，至彭城。谦兵败，走保郯。操坑杀男女数十万口于泗水。又攻取虑、睢陵、夏丘，皆屠之。(《资治通鉴》)操征陶谦，植等或留居鄄城。

《张邈传》："太祖之征陶谦，敕家曰：'我若不还，往依孟卓（张邈字）。'"按：曹操征战，家属每从行。曹丕《典论·自叙》曰："以时之多故，每征，余常从。建安初，上南征荆州，至宛，张绣降，旬日而反，亡兄孝廉子修、从兄安民遇害。时余年十岁，乘马得脱。"又《感离赋》序曰："建安十六年，上西征，余居守，老母诸弟皆从，不胜思慕。"云云。然此次操嘱家属依张邈事，知其家属仍留居鄄城。操于初平三年（192）为鲍信迎领兖州牧，四年春，驻军鄄城。鄄城为兖州刺史治所。

王粲赴荆州依刘表。

《王粲传》："年十七，司徒辟，诏除黄门侍郎，以西京扰乱，皆不就。乃至荆州依刘表。"

兴平元年甲戌（194）　三岁

二月，曹操自徐州还。四月，操使荀彧、程昱守鄄城，复往攻陶谦。略地至东海。会陈留太守张邈与操部将陈宫叛操，迎吕布为兖州牧。操引军还。八月，与吕布战于濮阳。九月，操还鄄城。十月，至东阿。（《武帝纪》《资治通鉴》）

曹丕能骑射、属文。

《典论·自叙》："上……又教余骑马，八岁而能骑射矣。"又《文帝纪》注引《魏书》曰："年八岁，能属文。"

兴平二年乙亥(195)　四岁

正月,曹操败吕布于定陶。春,关中李傕、郭汜相攻。操败吕布,布东奔刘备。十月,献帝拜操为兖州牧。十二月,献帝东渡黄河,驻安邑。(《武帝纪》《资治通鉴》)

建安元年丙子(196)　五岁

正月,操军临武平,遣曹洪将兵西迎献帝。二月,拜操为建德将军。六月,迁镇东将军,封费亭侯。七月,献帝至洛阳。八月,操至洛阳,献帝以操为司隶校尉,假节钺,录尚书事。九月,操奉献帝迁都许。以操为大将军,封武平侯。十月,操攻杨奉,奉南奔袁术。献帝以袁绍为太尉,绍耻居操下,不肯受。操乃以大将军让绍。献帝乃拜操为司空,行车骑将军。操用枣祗、韩浩等议,始兴屯田。(《武帝纪》及注引《献帝纪》)

建安二年丁丑(197)　六岁

正月,操到宛,张绣降。既而复反。操与战,军败,为流矢所中。长子昂、弟子安民死。(《武帝纪》)

绣降时,操纳其从叔张济妻。

《张绣传》:"太祖南征,军淯水,绣等举众降。太祖纳济妻,绣恨之。太祖闻其不悦,密有杀绣之计。计漏,绣掩袭太祖,太祖军败，二子没。"济妻，史失其姓。

曹丕亦从是役，乘马得脱。

本年曹丕十一岁，《典论·自叙》谓十岁，乃取其整数。

袁术称帝于寿春。(《后汉书·献帝纪》)九月，操东征袁术，术败走，渡淮。操还许。十一月，南征张绣，拔湖阳，又攻下舞阴。(《武帝纪》)

建安三年戊寅(198) 七岁

正月，操还许。五月，大败刘表、张绣联军于安众。七月，还许。九月，攻吕布。十月，屠彭城，围吕布于下邳。十二月，擒杀吕布、陈宫。(《武帝纪》)

操纳杜氏，收养秦朗。

据《明帝纪》青龙元年(233)注引《魏氏春秋》曰："朗字元明，新兴人。《献帝传》曰：朗父名宜禄，为吕布使诣袁术。术妻以汉宗室女。其前妻杜氏留下邳。布之被围，关羽屡请于太祖，求以杜氏为妻。太祖疑其有色。及城陷，太祖见之，乃自纳之……朗随母氏畜于公宫，太祖甚爱之。"操破下邳于建安三年十二月癸酉(二十四日)，其占有杜氏应于三年末至四年初。《武文世王公传》有"杜夫人生沛穆王林、中山恭王衮"，杜夫人应即此杜氏。则曹林、曹衮均为植之异母弟。

黄祖杀祢衡。

《荀彧传》注引《平原祢衡传》曰："建安初，自荆州北游许都……少府孔融高贵其才，上书荐之……衡时年二十四，是时许都新建"云云。由此知建安元年迁都许时，祢衡二十四岁。孔融荐书亦谓衡年二十四。故上推知祢衡生于熹平二年(173)。又据《后汉书·祢衡传》，黄祖杀祢衡时，衡年二十六，故知衡卒于此年。

建安四年己卯(199)　八岁

三月，袁绍大败公孙瓒于易京，杀之。(《后汉书·献帝纪》《公孙瓒传》)

四月，操进军临河，遣将渡河攻眭固，固败，被杀。操还军敖仓。(《武帝纪》)

六月，袁术死。(《后汉书·献帝纪》)

八月，操进军黎阳。九月，还许，分兵守官渡。十一月，张绣降。(《武帝纪》)

操为子均娶张绣女。

《张绣传》："绣至，太祖执其手，与欢宴。为子均取绣女，拜扬武将军。"据《武文世王公传》，曹子均为周姬所生。本年曹丕十三岁，曹植八岁。操为子均娶绣女，子均应长于丕、植。又据《武文世王公传》，操长子曹昂："弱冠举孝廉，随太祖南征，为张绣所害。"曹昂卒于建安二年，史称长子，则昂年长于子均。子均奉嗣叔父曹彬后，于建安二十四年(219)卒。

十二月，操军官渡。(《武帝纪》)

本年或稍后，操纳尹氏，收养何晏。

《曹爽传》："晏，何进孙也。母尹氏，为太祖夫人。晏长于官省。"裴注引《魏略》曰："太祖为司空时纳晏母，并收养晏。其时秦宜禄儿阿苏亦随母在公家，并见宠如公子。苏即朗也。"《太平御览》卷三八五引《何晏别传》曰："晏时小，养魏宫，七八岁便慧心大悟，众无愚智，莫不贵异之。"又引《世说》曰："何晏年七岁，明慧若神。魏武帝奇受（爱），以晏母在官内，欲以为子。"按：秦宜禄子秦朗为曹操收养于建安三年末或四年初。据《魏略》所记，秦朗应早于何晏入宫，故操纳尹氏，何晏入宫应于建安四年或稍后。又据《武文世王公传》："尹夫人生范阳闵王矩。"则曹矩应为植之异母弟。

建安五年庚辰(200)　九岁

正月，董承等欲杀操谋泄，被杀。操东征刘备，破之，获其妻子。进拔下邳，擒关羽，刘备走奔袁绍。

二月，袁绍进军黎阳，操破袁军，还官渡，袁绍进保阳武。(《武帝纪》)

四月，孙策死，弟孙权领其军。(《孙策传》及注引虞喜《志林》)

六月，郑玄卒。

《后汉书·郑玄传》："袁绍与曹操相拒于官渡，令其子谭遣使逼玄随军，不得已，载病到元城县，疾笃不进。其年六月卒，年七十四。"

八月，袁绍连营数十里，操亦分营与相当。绍复进临官渡，与操相拒连月。十月，操烧袁绍辎重，大败袁军于官渡。(《武帝纪》)

建安六年辛巳(201)　十岁

四月，操扬兵河上，击袁绍仓亭军，破之。九月，操还许，复南征刘备，备走奔刘表。(《武帝纪》)

建安七年壬午(202)　十一岁

正月，操军谯，至浚仪，治睢阳渠。进军官渡。五月，袁绍病死。少子袁尚领其军，屯黎阳。九月，操与袁谭、袁尚相拒黎阳，数败之。(《武帝纪》)

本年，植已诵读诗论及辞赋数十万言。

《陈思王植传》："年十岁余，诵读诗论及辞赋数十万言。"

建安八年癸未(203)　十二岁

三月，操攻黎阳，大败谭、尚军，谭、尚夜遁。四月，操进军至邺。五月，还许，留贾信屯黎阳。八月，征刘表，军西平。谭、尚争冀州，相攻。谭为尚所败，走保平原。尚攻之急，谭遣辛毗至操处乞降请救，操许之。乃引军自西平还。十月，至黎阳。袁尚闻操北上，乃释平原还邺。(《武帝纪》)

操为子整娶袁谭女。

《武帝纪》："冬十月，到黎阳，为子整与谭结婚。"裴松之按："绍死至此，过周五月耳。谭虽出后其伯，不为绍服三年，而于再期之内以行吉礼，悖矣。魏武或以权宜与之约言；今云结婚，未必便以此年成礼。"曹子整为曹操子，为李姬所生，见《武文世王公传》。《资治通鉴》明言："操知谭诈，乃为子整聘谭女以安之"，可知《武帝纪》中"与谭结婚"的"谭"字下夺一'女'字。"《武帝纪》曰：建安九年，操"遗谭书，责以负约，与之绝婚，女还，然后进军"。与《资治通鉴》所记略同，可见亦已成礼。由此可知，曹子整年齿应长于曹植。按：另有异说可参见建安二十二年《释思赋》下。

建安九年甲申(204) 十三岁

正月，操渡河，遏淇水入白沟以通粮道。二月，袁尚复攻袁谭，留审配等守邺。操进围邺。四月，留曹洪攻邺，操拔邯郸。五月，决漳水灌邺。七月，袁尚还救邺，操大破袁尚军。尚奔中山。八月，破邺。操入邺，杀审配。(《武帝纪》)

曹丕纳甄后于邺。

《甄后传》："及冀州平，文帝纳后于邺。"裴注引《魏略》曰："熙出在幽州，后留侍姑。及邺城破，绍妻及后共坐皇堂上。文帝入绍舍，见绍妻及后。后怖，以头伏姑膝上。绍妻两手自搏。文帝谓曰：'刘夫人云何如此？令新妇举头！'姑乃捧后令仰，文帝就视，见其颜色非凡，称叹之。太祖闻其意，遂为迎取。"按：曹丕之娶甄后，《后汉书·孔融传》与《世说新语·惑溺》篇均谓私纳。《孔融传》曰："曹操攻屠邺城，袁氏妇子多见侵略，而操子丕私纳袁熙妻甄氏。"《世说新语》曰："魏甄后惠而有色，先为袁熙妻，甚获宠。曹公之屠邺也，令疾召甄。左右曰：'五官中郎将已将去。'公曰：'今年破贼正为奴。'"以情势论之，或曹丕略于前，曹操追认于后，故孔融以"武王伐纣，以妲己赐周公"之语讽操。

九月，操下《收田租令》，免河北本年租赋。献帝令操领冀州牧，操让还兖州。（《武帝纪》）

曹操由鄄城迁家于邺。

操领冀州牧，让还兖州。冀州治邺，应由兖州鄄城迁家于邺。

袁谭又叛操，略取甘陵诸郡，并至中山攻袁尚，尚败走故安。十二月，操东征袁谭。谭退守南皮。（《武帝纪》）

建安十年乙酉(205) 十四岁

正月，操攻袁谭，破斩之。袁熙、袁尚奔三郡乌丸。（《武帝纪》）

陈琳归曹操，操使与阮瑀俱管记室。

《王粲传》："袁氏败，琳归太祖。太祖谓曰：'卿昔为本初移书，但可罪状孤而已，恶恶止其身，何乃上及父祖耶？'琳谢罪。太祖爱其才而不咎。"《资治通鉴》记此事于建安十年正月，其曰："琳谢罪，操释之，使与陈留阮瑀俱管记室。"又据《袁绍传》，建安九年，袁尚还救邺，败走曲漳，曾遣阴夔、陈琳至曹营乞降。其曰："尚闻邺急，将兵万余人还救之……（审）配出兵城北，欲与尚对决围。太祖逆击之，败还。尚亦破走，依曲漳为营。太祖遂围之。未合，尚惧，遣阴夔、陈琳乞降，不听。尚还走滥口，进复围之急，其将马延等临陈降，众大溃，尚奔中山。"可知陈琳时在袁尚军中。

又陈琳《檄吴将校部曲文》云："驱率讨袁尚，则都督将军马延，故豫州刺史阴夔，射声校尉郭昭，临阵来降。围守邺城，则将军苏游，反为内应。"知马延、阴夔等人均在尚败走中山之前降。陈琳曾与阴夔受命至曹营乞降，至本年正月亦降。

四月，黑山帅张燕率其众十余万降操。赵犊、霍奴等杀幽州刺史及涿郡太守。三郡乌丸攻鲜于辅于犷平。八月，操破赵犊军，斩犊等，乃渡潞河，救犷平。乌丸奔走出塞。九月，操下《整齐风俗令》。十月，还邺。高幹叛，操遣将击之。（《武帝纪》）

建安十一年丙戌（206） 十五岁

正月，操征高幹。（《武帝纪》）

曹丕留守邺。

《崔琰传》："太祖征并州，留琰傅文帝于邺。世子仍出田猎，变易服乘，志在驱逐。琰书谏曰……"云云。

三月，操攻入壶关，高幹走荆州，上洛都尉捕斩之。并州全入操手。八月，操东征管承，至淳于，承败走入海岛。（《武帝纪》）

植或从征管承。

曹植《求自试表》曰："臣昔从先武皇帝南极赤岸，东临沧海，西望玉门，北出玄塞，伏见所以行师用兵之势。"按：曹操征管承至淳于，明年二月始由淳于返邺。淳于故城在今山东省安丘市东北，管承被称"海贼"（《通鉴》），败后又入海岛，植所言"东临沧海"或即指此。又，曹操于建安十二年北征乌丸亦临沧海，有《步出夏门行·观沧海》诗可证。然此乃"北出玄塞"之役，"东临沧海"不应重复指此。

曹丕生长子明帝曹叡。

据《明帝纪》："(景初)三年春正月丁亥……帝崩于嘉福殿，时年三十六。"裴松之注："臣松之按：魏武以建安九年八月定邺，文帝始纳甄后，明帝应以十年生，计至此年正月，整三十四年耳。时改正朔，以故年十二月为今年正月，可强名三十五年，不得三十六也。"按：裴说颇有理。若曹叡卒年三十六，则当生于建安九年，该为袁熙之子。曹丕决不会传位于袁氏子。据《明帝纪》，叡年十五时封武德侯。又据《文帝纪》，曹叡于延康元年(220)五月受封为武德侯，其时年当十五。由此可知，曹叡应生于建安十一年，当其卒时应年三十四。

建安十二年丁亥(207)　十六岁

二月，操自淳于还邺，大封功臣二十余人为列侯。五月，操北征三郡乌丸，至无终。(《武帝纪》)

曹丕、曹植均从征乌丸。

《张绣传》："从征乌丸于柳城，未至薨。"注引《魏略》曰："五官将数因请会，发怒曰：'君杀吾兄，何忍持面视人邪？'绣心不自安，乃自杀。"由此知曹丕从征。

植《求自试表》曰："昔从先武皇帝……北出玄塞。"李善《文选》注："玄塞，长城也。北方色黑，故曰玄。"《三国志集解》卷一九引赵一清曰："玄塞，卢龙之塞也，谓柳城之役。"

七月，大水，傍海道不通。田畴为乡导，引军出卢龙塞。经白檀，历平冈，东指柳城。八月，登白狼山，大破乌丸，斩蹋顿，降者二十余万口。袁尚、袁熙奔辽东。九月，操引兵自柳城还。辽东太守公孙康斩袁尚、袁熙。十一月，操至易水。(《武帝纪》)

建安十三年戊子(208)　十七岁

正月，曹操还邺，作玄武池以练水军。(《武帝纪》)

五月，曹冲卒，曹丕有《曹苍舒诔》。此《诔》曾误入植集。

《武文世王公传》："邓哀王冲字仓舒。少聪察岐嶷，生五六岁，智意所及，有若成人之智……太祖数对群臣称述，有欲传后意。年十三，建安十三年疾病，太祖亲为请命。及亡，哀甚。文帝宽喻太祖，太祖曰：'此我之不幸，而汝曹之幸也。'"裴注："《魏略》曰：文帝常言：'家兄孝廉，自其分也。若使仓舒在，我亦无天下。'"《资治通鉴》据之系于建安十三年。

关于曹冲之卒年，《古文苑》所载《曹仓舒诔》曰："建安十有五年，五月甲戌，童子曹仓舒卒。"《艺文类聚》卷四十五则引作建安十二年，据《魏书》，曹冲于建安十三年病，则不当卒于十二年。又据陈垣《二十史朔闰表》，建安十三年五月甲戌为五月十九日，建安十五年五月甲戌为五月初一日，此二年五月均有甲戌日。《古文苑》乃后出之书，恐传抄有误，今从《魏书》。

《曹仓舒诔》又见张溥本《曹子建集》，乃误入植集者。丁晏《曹集铨评》曰："此篇《古文苑》九、《艺文》四十五皆引为魏文帝作。今玩其词气，清幽文秀，实与丕他作相类，不似陈思之朴茂。且诔内有'宜逢分祚，以永无疆'之句，亦非陈思所宜出。疑张因《艺文》所引与陈思《任城王诔》相连而误采也。"其说可从。

据《武文世王公传》，曹冲为环夫人所生，其年齿小于植，则排列其后的彭城王据、燕王宇，均为曹植的异母弟。

六月，操为丞相。七月，操南征刘表。（《武帝纪》）

丕、植从征。

丕作《述征赋》曰："建安之十三年，荆楚傲而弗臣。命元司以简旅，予愿奋武乎南邺。"

植《求自试表》曰："臣昔从先武皇帝南极赤岸。"卢弼《三国志集解》引赵一清说："赤岸，赤壁也，谓征刘表。"按：曹操征孙权，唯本年平刘表，由新野追刘备至当阳，直达江陵，由江陵东下抵赤壁，故定于本年。

八月，刘表死，子琮代，领军屯襄阳。刘备屯樊。（《武帝纪》）

曹操杀孔融。

《后汉书·献帝纪》：建安十三年八月"壬子（二十九日）"，"曹操杀太中大夫孔融，夷其族"。《资治通鉴》曰："八月……壬子，太中大夫孔融弃市。融恃其才望，数戏侮曹操，发辞偏宕，多致乖忤。操以融名重天下，外相容忍而内甚嫌之。融又上书言'宜准古王畿之制，千里寰内不以封建诸侯。'操疑融所论建渐广，益惮之。融与郗虑有隙，虑承操风旨，构成其罪，令丞相军谋祭酒路粹奏：'融昔在北海，见王室不静，而招合徒众，欲规不轨。及与孙权使语，谤讪朝廷。又，前与白衣祢衡跌荡放言，更相赞扬。衡谓融曰"仲尼不死"，融答"颜回复生"，大逆不道，宜极重诛。'操遂收融，并其妻子皆杀之。"

九月，操至新野，琮降。（《武帝纪》）

王粲劝刘琮归曹操，粲亦归之。

《刘表传》谓蒯越、韩嵩、傅巽等说刘琮降操，未及王粲。而《王粲传》曰："表卒，粲劝表子琮令归太祖。"则王粲亦在劝降之列。本年九月，刘琮降，可知王粲亦于九月归操。

刘备败走夏口，操遂得江陵。（《武帝纪》）

邯郸淳归操。

《王粲传》注引《魏略》曰："荆州内附，太祖素闻其名，召与相见，甚敬异之。"按：邯郸淳后为曹植之友而党于植者。

十月，刘备与孙权联合拒操。刘备军驻樊口。周瑜率军至荆州。十一月，曹操顺江陵而下，与周瑜军相遇于赤壁，操大败。刘备、周瑜追至南郡。操留将守江陵、襄阳，自引军北还。十二月，孙权自将围合肥。刘备表刘琦为荆州刺史，引兵南向，遂有荆州江南四郡。（《资治通鉴》）

建安十四年己丑(209)　十八岁

三月，曹操军至谯。作轻舟，治水军。七月，自涡入淮，出肥水，军合肥。开芍陂屯田。（《武帝纪》）

曹丕、王粲从征，并作《浮淮赋》。

曹丕《浮淮赋》序曰："建安十四年，王师自谯东征，大兴水军，

泛舟万艘。时余从行。始入淮口，行泊东山，睹师徒，观旌帆，赫

矣盛哉！……乃作斯赋云。"王粲《浮淮赋》曰："从王师以南征兮，

浮淮水而遐逝。背涡浦之曲流兮，望马丘之高澨。"

十二月，操军还谯。（《武帝纪》）

建安十五年庚寅（210） 十九岁

春，曹操下《求贤令》。（《武帝纪》）

冬，操作铜雀台于邺。（《武帝纪》）

    或谓曹植《登台赋》作于是年，实误，说见建安十七年。

十二月，操作《让县自明本志令》，拟受植等三子为侯之封。

    《武帝纪》建安十五年注引《魏武故事》十二月己亥（按：据陈垣

《二十史朔闰表》，建安十五年十二月无己亥日，所记当有误）令曰：

"前朝恩封三子为侯，固辞不受，今更欲受之。非欲复以为荣，欲

以为外援，为万安计。"

建安十六年辛卯（211） 二十岁

正月庚辰（十一日），植封平原侯，其弟据为范阳侯，豹为饶阳侯。

    《武帝纪》"十六年春正月"注引《魏书》："庚辰，天子报：减户

五千，分所让三县万五千封三子，植为平原侯，据为范阳侯，豹为

饶阳侯，食邑各五千户。"又《陈思王植传》："建安十六年，封平原

侯。"又《武文世王公传》说："沛穆王林，建安十六年封饶阳侯。"卢

弼《三国志集解》曰："钱大昕曰：'《武帝纪》注引《魏书》，封子豹为饶阳侯。又《魏略》云：杜夫人生沛王豹（见《文选》注），而此传亦称林为杜夫人生，是林一名豹，犹赵王幹一名良也。'弼案：陆机《吊魏武帝文》云：'持姬女而指季豹，以示四子曰：以累汝。因泣下。'注引《魏略》云：'太祖杜夫人生沛王豹及高城公主。'"按：陆机《吊魏武帝文》乃机于元康八年（298），"以台郎出补著作，游乎秘阁，而见魏武帝遗令，忾然叹息伤怀"而作，其说当可信。若林即豹，则建安十六年封饶阳侯时，年齿尚幼，如此则"累汝"之说可通。

又：本年操子封侯者，据《武文世王公传》，尚有都乡侯曹宇，西乡侯曹玹。按：时列侯大者食县，小者食乡亭。食邑为乡者称乡侯，位次于县侯下。

操为子精选官属，以邢颙为平原侯植家丞，刘桢、应场先后为庶子。

《邢颙传》："太祖诸子高选官属，令曰：'侯家吏，宜得渊深法度如刑颙辈。'遂以为平原侯植家丞。颙防闲以礼，无所屈挠，由是不合。庶子刘桢书谏植曰：'家丞邢颙，北土之彦，少秉高节，玄静澹泊，言少理多，真雅士也。桢诚不足同贯斯人，并列左右。而桢礼遇殊特，颙反疏简，私惧观者将谓君侯习近不肖，礼贤不足，采庶子之春华，忘家丞之秋实。为上招谤，其罪不小，以此反侧。'"按：此事《资治通鉴》系于建安十九年七月"临淄侯植守邺"后，恐是《资治通鉴》之误，因史明言邢颙为"平原侯"家丞，非"临淄侯"家丞也。

又《王粲传》："场、桢各被太祖辟为丞相掾属。场转为平原侯

庶子，后为五官将文学。"则可知刘桢、应场都曾为平原侯庶子。据
《续汉书·百官志》列侯"家臣置家丞、庶子各一人"，"主侍侯，使
理家事"。则刘桢、应场二人不得同时为平原侯庶子，未知孰先孰
后，录以备考。

同时，又以毌丘俭、司马孚为曹植文学掾。

《毌丘俭传》："俭袭父爵，为平原侯文学。"文学即文学掾简称，
掌教育。

又：《晋书·安平献王孚传》："魏陈思王植有俊才，清选官属，
以孚为文学掾。植负才陵物，孚每切谏，初不合意，后乃谢之。"
按：司马孚为曹植文学掾之年，史无明文。然其云植"清选官属"，
与《邢颙传》所云"太祖诸子高选官属"记载略同，故暂放于本年。

曹丕为五官中郎将，丞相副。

《武帝纪》："十六年春正月，天子命公世子丕为五官中郎将，
置官属，为丞相副。"按：裴松之于"十六年春正月"下注：庚辰，封
植等为平原侯。庚辰为正月十一日。裴注又把此事放在曹丕为五官
中郎将之前，则可知植等封于前，丕封于后。

**曹植与其兄丕及王粲、徐干、陈琳、阮瑀、应场、刘桢等相游处，
并纵酒赋诗。**

《王粲传》："始文帝为五官将，及平原侯植皆好文学。粲与北
海徐干字伟长、广陵陈琳字孔璋、陈留阮瑀字元瑜、汝南应场字德
琏、东平刘桢字公幹并见友善。"又，曹丕《与吴质书》曰："昔年疾
疫，亲故多离其灾，徐、陈、应、刘一时俱逝，痛可言邪！昔日游
处，行则连舆，止则接席，何曾须臾相失。每至觞酌流行，丝竹并

奏，酒酣耳热，仰而赋诗。当此之时，忽然不自知乐也。"按：上述提及的王粲、徐幹、陈琳、阮瑀、应玚、刘桢，外加孔融，被称为"建安七子"。

三月，操遣司隶校尉钟繇攻汉中张鲁，使夏侯渊等出河东与繇会。关中马超、韩遂、杨秋等起抗操军，据潼关。操使曹仁拒之。七月，操自将西征。（《武帝纪》）

丕留守邺。母卞氏及植等均从行。

《资治通鉴》曰："命五官将丕留守邺，以奋武将军程昱参丕军事，门下督广陵徐宣为左护军，留统诸军，乐安国渊为居府长史，统留事。"《程昱传》注引《魏书》："太祖征马超，文帝留守，使昱参军事。"又《甄后传》注引《魏书》："十六年七月，太祖征关中，武宣皇后从，留孟津，帝居守邺。"曹丕《感离赋》序曰："建安十六年，上西征，余居守，老母诸弟皆从，不胜思慕，乃作赋曰"云云。

植于离邺时作《离思赋》。

其序曰："建安十六年，大军西讨马超，太子留监国，植时从焉。意有忆恋，遂作《离思赋》云。"按：时操为丞相，丕为五官中郎将，不得云"太子"。卢弼《三国志集解·陈思王植传》曰："《武纪》建安十六年，天子命公世子丕为五官中郎将。二十二年，以五官中郎将丕为魏太子。《文纪》亦云：二十二年立为魏太子。此赋序云：'建安十六年，太子留监国。'当作世子方合。或为后人误改也。"

从军过洛阳，作《送应氏》诗二首。

黄节《曹子建诗注》曰："考《魏志》，子建于建安十六年封平原侯。是年从操西征马超，见本集《离思赋》序。殆由邺而西，道过洛阳，故本集有《洛阳赋》逸句。是此诗之作，盖在其时。"黄说可从。其一诗曰："步登北芒阪，遥望洛阳山。洛阳何寂寞，宫室尽烧焚。"北芒，亦作北邙，在洛阳北，接偃师、巩、孟津三县界。洛阳山，在洛阳东南四十里。其二诗曰："亲昵并集送，置酒此河阳。"河阳，古县名，南临黄河，为洛阳外围重镇。故知此二诗均作于本年。

在洛阳并作《洛阳赋》。

赋今残存四句："狐貉穴于紫闼兮，茅莠生于禁闱。本至尊之攸居，于今□之可悲。"此与《送应氏》所写洛阳之残破同。

或作《画赞》五卷。

《隋书·经籍志》载有《画赞》五卷，注云："汉明帝殿阁画，魏陈思王赞。梁五十卷。"

唐张彦远《历代名画记》曰："汉明帝雅好画图，别立画官，诏博洽之士班固、贾逵辈取诸经史事，命尚方画工图画，谓之画赞。至陈思王曹植为赞传。"又宋王应麟《玉海》"汉明帝画赞"条曰："汉文帝时，诏绘古帝王名臣像于殿壁。明帝好画，立画官，诏班固、贾逵辈取经史事画之。起伏羲，凡五十，谓之画赞。"由上引可知，曹植《画赞》乃为汉明帝殿阁画而作。今传《画赞序》残文亦从汉明帝、马后立说，亦可作一佐证。王应麟提到汉文帝时的殿壁画，应在西汉都城长安。明帝时的殿壁，应当是在东汉的都城洛阳。由记载也可推断，大概曹植《画赞》写了五十篇，即《隋志》所说的五十卷，也就是编成后的五卷，每卷十篇。今存者有庖羲（即伏羲）、女娲、神农、黄帝、黄帝三鼎、少昊、颛顼、帝喾、帝尧、巢父许由池主、姜嫄简狄、帝舜、夏禹、禹治水、禹渡河、禹妻、殷汤、汤祷桑林、卞随、周文王、文王赤雀、武王、成王、周公、田开疆公孙接古冶子、汉高帝、商山四皓、文帝、景帝、武帝、班婕妤。以上从严可均《全三国文》所辑。又，丁晏《曹集铨评》佚文又从《韵补》四辑有《王陵赞》《敶选》《王霸赞》（朱绪曾辑作《五霸赞》）和《孔甲赞》。朱绪曾《曹集考异》尚有《夏启赞》《夏桀赞》《贤后赞》等。

又《太平御览》卷七百五十一引《历代名画记》魏曹植言："观画者，见三皇五帝，莫不仰戴"云云。这段文字，张溥、丁晏等均题作《画说》，严可均《全三国文》谓"此条亦《画赞》序也。"其说可从。其文曰："观画者，见三皇五帝，莫不仰戴；见三季暴主，莫不悲惋；见篡臣贼嗣，莫不切齿；见高节妙士，莫不忘食；见忠节死难，莫不抗首；见放臣斥子，莫不叹息；见淫夫妒妇，莫不侧目；见令妃顺后，莫不嘉贵：是知存乎鉴者图画也。"其内容与今存之赞合，故夏桀亦有赞。

东汉末年，军阀混战，"洛阳残破""宫室烧尽"。汉明帝的殿阁画是否能保存，曹植此次经过洛阳能否见到？我们不得而知。但从历史记载看，在汉献帝回洛阳前，"张杨使董承先缮修洛阳宫。太仆赵岐为承说刘表，使遣兵诣洛阳，助修宫室"（《资治通鉴》献帝建安元年）。曰"缮修"、曰"助修"，可见洛阳宫并非荡然无存。"宫室烧尽"之说，乃文人极而言之。《资治通鉴》又曰："秋，七月，甲子，车驾至洛阳，幸故中常侍赵忠宅。"这因洛阳宫修缮尚未完成，故暂住未遭破坏的赵忠宅。至"八月，辛丑，幸南宫杨安殿"。这时的南宫杨安殿已可以安身了。所以，洛阳的宫殿尚有残存，汉明帝的殿阁画不一定全部被毁，故曹植也有见到的可能，从而引起他创作《画赞》的冲动，故暂系于此。

倘若明帝的殿阁画已经被毁，曹植也应见到过它的草图或摹本，才能一一写出图赞，这在时间上说，也更难推断了。

又，赵幼文《曹植集校注·画赞序》案曰："《魏志·梁习传》：建安十八年，又使于上党取大材供邺宫室。邺宫之建，在刘协封操为魏公之后。《魏都赋》：'特有温室。仪形宇宙，历像贤圣。图以百瑞，綷以藻咏。芒芒终古，此焉是镜。有虞作绘，兹亦等竞。'所谓藻咏，即指《画像赞》也。刘渊林注：'听政殿后，有鸣鹤堂。鸣鹤堂之前，次听政殿之后，东西二坊之中央有温室，中有《画像赞》。'据此，《画像赞》盖植作于魏宫建成之时，亦即建安十九年之际也。"案：此《赞》未言为曹植所作，而《隋志》明言"汉明帝殿阁画，魏陈思王赞"，今从之。

九月，操大破马超。马超奔凉州，杨秋奔安定。关中平。（《武帝纪》）

植作《述行赋》。

朱绪曾《曹子建年谱》曰："《述行赋》云：'观秦政之骊坟'，亦关中作。"因系于本年。俞绍初《曹植生平若干事迹考辨》认为朱说误。其曰："按《武帝纪》曹操于建安十六年七月西征，至潼关与马超夹关而军；九月进军渡渭，大破马超等，马超走凉州，杨秋奔安定；十月操自长安北征杨秋，围安定，秋降；十二月自安定引军还；翌年正月回邺。这次西征，军事行动始终频繁剧烈，略无间息……因此在出征和回师途中虽都经过长安，似乎不可能为曹植提供任何登临历览的机会，在疲于奔命中他也未必会产生此种雅兴。"

"曹植集中有《赠丁仪王粲》诗，此诗为西征马超，平定关中，招降杨秋后所作。其诗有云：'从军度函谷，驱马过西京。山岑高无极，泾渭扬浊清。壮哉帝王居，佳丽殊百城。员阙出浮云，承露概泰清。'细味诗意，他路经长安驱马即过，所写的长安形势也从大处落墨，是一瞥所得的印象。这都表明他在长安未作稽留，自无优游秦坟，沐浴温泉之举。据上分析，《述行赋》不是从征马超时所作当无可疑。"俞氏又认为《述行赋》当作于建安二十四年从征刘备时。按：俞氏否定曹植于建安十六年作《述行赋》的论断尚可商榷。据《武帝纪》，曹操九月破韩遂、马超、杨秋军，"遂、超等走凉州，杨秋奔安定，关中平"。至"冬十月，军自长安北征杨秋，围安定"。其曰"军自长安北征"者，明谓在长安略为休整，然后再从长安北征，不能谓在长安未作稽留。在平定关中的军事胜利后，并非统掌军权的曹植等人游秦墓、浴温泉，也是在情理中的事。至于说从《赠丁仪王粲》诗中可见驱马即过、未作稽留，亦不足为据。诗非史书，自有其写作特点，不得用来考较行进日程。

作《长乐观画赞》。

长乐观位于长安，故暂系于本年。

十月，操自长安北征杨秋，围安定。杨秋降，复其爵位，使留抚其民人。（《武帝纪》）

过长安时，植作《赠丁仪王粲》诗。

《文选》李善注曰："《魏志》曰：建安二十年，公西征张鲁。"元刘履《选诗补注》曰："建安二十年，太祖西征张鲁，而子建从之，因历览西都城阙之壮丽，喜见太祖用兵之神速，惜乎二子俱在末位，不能乐于其职，而颂歌太祖之德声，故赠是诗以规勉焉。"朱绪曾《曹集考异》亦云："李注曰：'《魏志》建安二十年，公西征张鲁。'按建安十六年，植从征马超，至关中长安，时粲尚在荆州。迨二十年，征张鲁，植与粲俱从行。《志》于植传不言从征马超及张鲁；于粲传不言从征张鲁，皆略也。"民按：王粲于建安十三年投曹操，朱说十六年尚在荆州，实误。

又，清何焯《又门读书记·文选》卷二曰："《魏志》曰：'建安二十三年秋七月，治兵，遂西征刘备，九月至长安。'此其事也。征张鲁未尝至长安，自陈仓以出散关也，注误。李氏注此诗以为征张鲁时作者，盖以《魏志·王粲传》，粲以建安二十一年从征吴，二十二年春道病卒，若二十三年西征，为粲已亡故也。按文帝书云徐、陈、应、刘一时俱逝，独不言粲，则粲之亡在二十二年之后矣。"对何焯的主张与推断，古直《曹子建诗笺》驳之曰："子建《王仲宣诔》云：'建安二十二年正月二十四日卒。'又云：'嗟彼东夷，凭江阻湖。骚扰边境，劳我师徒。君侍华毂，辉耀王涂。如何不济，运极命衰。寝疾弥留，吉往凶归。'与《志》云'从征吴，道病卒'合。何氏疑粲亡在二十三年后，非也。"按古直说极是。

古直又说："考《魏志》，建安十六年秋七月，太祖西征马超、韩遂。九月，关中平。冬十月，军自长安北征杨秋，围安定。乃知子建此诗实作于此时。自长安北征，则已过长安而北矣，故曰'驱马过西京'。时仲宣官仅丞相掾，故曰'君子在末位'。若建安二十年或二十三年，则仲宣为侍中，侍中秩二千石，不得云末位矣。"

俞绍初《曹植年谱》及《王粲集》所附的《王粲年谱》对此诗的作年

论述颇详，今录《王粲年谱》如下："《曹子建集》有《赠丁仪王粲》诗，又见《文选》卷二十四。李善、刘履、丁晏、朱绪曾等皆以为作于建安二十年西征张鲁时，黄节则谓同年还邺后作，均非。按，曹操西征张鲁，曹植未从军入长安，黄节《曹子建诗注》辨之甚明。且曹植赠诗有'丁生怨在朝'句，考《魏志·何夔传》'魏国既建，拜尚书仆射'，下注引《魏书》云：'时丁仪兄弟方进宠'；又《徐奕传》'丁仪等见宠于时，并害之，而奕终不为所动'下注引《傅子》曰：'丁仪间之，徐奕失位而崔琰被诛。'按魏于建安十八年始建社稷宗庙，崔琰卒于建安二十一年，则建安二十年亦当为丁仪兄弟在朝获宠之时，复何怨之有？植诗又有'君子在末位'句，'君子'指王粲、丁仪，而王粲于建安十八年已官居侍中，身任显职，似未可言'末位'。故主建安二十年说诗意与史实难合。曹植《离思赋序》云：'建安十六年，大军西讨马超，太子留监国，植时从焉。'则是年曹植亦从征马超，其诗叙度函谷、过西京及长安京观之壮丽，当系实况，所云'全国为令名'者，指'杨秋降，复其爵位使留抚其民人'事，是诗或作于还军途中。此时王粲为军谋祭酒，丁仪为丞相掾，丁仪又因曹丕阻止，不得尚公主，颇有怅恨，盖与'君子在末位'、'丁生怨在朝'合。"按：俞氏对"在末位"与"怨在朝"考之甚详。又建安二十年曹操征张鲁之役，曹丕在孟津曾命植于邺向钟繇索取玉玦，故知植未尝从征，说见本谱建安二十年。

植随操北征杨秋，过秦穆公墓，作《三良诗》。

余冠英《三曹诗选》曰："建安十六年，曹植从军征马超曾到关中，这篇诗或许是过秦穆公墓时的吊古之作。"其说是。俞绍初《曹植年谱》曰："是年从征马超至关中，过秦穆公墓，诗有'揽涕登君墓'可知。王粲、阮瑀均有咏'三良'之诗，或为同时所作。"按：据《史记·秦本纪》："穆公辛，葬雍。"裴骃《集解》引《皇览》曰："秦穆公冢在橐泉宫祈年观下。"张守节《正义》引《庙记》云："橐泉宫，秦孝公造。祈年观，德公起。盖在雍州城内。"又引《括地志》云："秦穆公冢在岐州雍县东南二里。"按：其地在今陕西凤翔南。诗有"揽涕登君墓"之句，知曹植曾登临其墓。雍在长安西，似北征杨秋时曹植经此而作。

十二月，操自安定还，留夏侯渊屯长安。（《武帝纪》）

建安十七年壬辰（212） 二十一岁

正月，曹操还邺。汉献帝命操赞拜不名，入朝不趋，剑履上殿。（《武帝纪》）

春，操命曹丕、曹植等诸子登铜雀台，并作《铜雀台赋》，且自赋一首。

《陈思王植传》曰："（植）善属文。太祖尝视其文，谓植曰：'汝倩人邪？'植跪曰：'言出为论，下笔成章，顾当面试，奈何倩人！'时铜爵台新成，太祖悉将诸子登台，使各为赋。植援笔立成，可观。太祖甚异之。"曹丕《登台赋》序曰："建安十七年春，游西园，登铜雀台，命余兄弟并作。"按《武帝纪》，建安十五年"冬，作铜雀台"。铜雀台建构宏伟，据《水经注·浊漳水》载："城之西北有三台，皆因城为之基。巍然崇举，其高若山……中曰铜雀台，高十丈，有屋百一间。"这等规模的建筑，怎能不费时日？故铜雀台始建于建安十五年冬，至十七年春才基本完成，历时一年有余，故《陈思王植传》曰"新成"，曹丕序曰"建安十七年春"，其实就是同一时间的同一件事。丁晏、俞绍初等系《登台赋》于建安十五年冬，也忽略了植赋的"临漳川之长流兮，望众果之滋荣。仰春风之和穆兮，听百鸟之悲鸣"。所写为春景，安有铜雀台始动工而《登台赋》已作？

曹操之赋仅存二句，见《水经注》卷十。

作《橘赋》。

其《赋》曰："播万里而遥植，列铜爵之园庭。背山川之暖气，处玄朔之肃清。邦换壤别，爰用丧生。"因橘树远从南方移植到铜雀园枯死而赋。当作于修建铜雀台之时。

《感婚赋》或作于此时。

《赋》曰："阳气动兮淑清，百卉郁兮含英。春风起兮萧条，蛰虫出兮悲鸣。"写的是春季。"登清台以荡志，伏高轩而游情。悲良媒之不顾，惧欢媾之不成。""清台"指铜雀台，时曹植尚未婚。

植或于本年即与崔琰之兄女婚。

植长女金瓠于建安十八年生，生十九旬而卒（说见该年），则植之婚当于本年。又《崔琰传》说："植，琰之兄女婿也。"则金瓠可能就是崔氏所生。

秋，曹植作《公宴》诗。

赵幼文《曹植集校注》曰："案丁氏《年谱》列此诗于建安十六年。据《武帝纪》，建安十六年秋七月，曹操西征马超，植从行，见本卷《离思赋》序，似植不得有此诗也，丁谱或未确。"张可礼《三曹年谱》

亦系于建安十六年秋，其曰："诗曰：'公子敬爱客，终宴不知疲。清夜游西园，飞盖相追随。明月澄清景，列宿正参差。秋兰被长坂，朱华冒绿池。'李善注曰：'公子谓文帝，时武帝在，谓五官中郎将也。'《三国志集解》卷二一引赵一清曰：'《名胜志》：西园在邺城西，魏曹丕同弟植宾从游幸之地也。'植此诗写随丕秋夜游西园情景。"

俞绍初《曹植年谱》系于建安十七年，其说曰："此诗盖和曹丕《芙蓉池》作。'清夜游西园'，西园，张载《魏都赋》注：'文昌殿西铜爵园，园中有鱼池。'盖铜雀园也。《艺文》卷六十二引魏文帝《登台赋》序曰：'建安十七年春，游西园，登铜爵台，命余兄弟并作。'此诗或作于该时。"民按：俞氏和曹丕《芙蓉池》作说，本之黄节《曹子建诗注》，黄曰："此诗盖和魏文帝《芙蓉池》作。'清夜'两句，即和'乘辇夜行游，逍遥步西园。''明月'两句，即和'丹霞夹明月，华星出云间。''好鸟''神飙'，即和'惊风扶轮毂，飞鸟翔我前。''飘飘'两句，即和'遨游快心意，保己终百年'。"徐公持《曹植诗歌的写作年代问题》（载《文史》第六辑）说："黄节曾指出'此诗盖和魏文帝《芙蓉池》作'，他还作了逐句对比，证明二诗间的倡和关系。其实，此诗不仅与曹丕《芙蓉池》诗，且与刘桢《公宴》诗也存在倡和关系，我们也可以用逐句比照的办法来证明：桢诗'辇车飞素盖，从者盈路旁'，即和植诗'清夜游西园，飞盖相追随'，亦即和丕诗'乘辇夜行游，逍遥步西园'；桢诗'月出照园中，珍林郁苍苍'，即和植诗'明白澄清景，列宿正参差'，亦即和丕诗'丹霞夹明月，华星出云间'；桢诗'灵鸟宿水裔，仁兽游飞梁'，即和植诗'潜鱼跃清波，好鸟鸣高枝'，亦即和丕诗'惊风扶轮毂，飞鸟翔我前'；桢诗'芙蓉散其华，菡萏溢金塘'，即和植诗'秋兰被长坂，朱华冒绿池'；桢诗'华馆寄流波，豁达来风凉'，即和植诗'神飙接丹毂，轻辇随风移'；桢诗'投翰长叹息，绮丽不可忘'，即和植诗'飘飘放志意，千秋长若斯'，亦即和丕诗'遨游快心意，保己终百年'。因此，曹丕、曹植、刘桢三诗，应作于同一时间、同一场合。刘桢卒于建安二十二年（217），所以曹植这首《公宴》诗的产生时间，其下限当在是年之前。"

植亦有《芙蓉池》一诗，大致与其兄曹丕的《芙蓉池》一诗同时作。

植作《芙蓉池》诗，丁福保《全汉三国晋南北朝诗》收入"失题"中。其曰："各本题作《芙蓉池》。按《类聚·地部·池》云：'魏陈王曹植诗。'其原题已失。"其诗有曰："逍遥芙蓉池，翩翩戏轻舟。"应作于邺都铜雀园的芙蓉池。但从内容看，诗与曹丕之作无倡和关系。

民按：曹丕、曹植及建安诸子于邺都宴乐，乃是常事，一般不能确指何年。本年铜雀台新成，自然成为宴游中心。曹操又于本年正月返邺，率先带领诸子登铜雀台作《登台赋》，其后将近十个月一直在邺，直到本年十月，始南征孙权，带走了曹丕、曹植。故这些游宴诗最大的可能作于本年正月至十月间。

《娱宾赋》亦于建安中宴乐时作。

《赋》曰："欣公子之高义"，"公子"指曹丕。亦如《公宴》诗开宗明义说"公子爱敬客，终宴不知疲"。这也应该是曹丕被立为太子前所作。

十月，操南征孙权。(《武帝纪》)

丕、植兄弟从征。

说见建安十八年。

阮瑀卒于本年十月后。

《王粲传》："瑀以十七年卒。"不言卒于何月。考阮瑀于十月曹操出师时，尚为曹操作书与孙权。其书曰："离绝以来，于今三年。"又曰："昔赤壁之役，遭离疫气，烧船自还，以避恶地，非周瑜水军所能抑挫也；江陵之守，物尽谷殚，无所复据，徙民还师，又非瑜之所能败也。"建安十三年为赤壁之役，十四年为江陵之战，此为"离绝"之始，至是年为三年。书又曰："是故按兵守次，遣书致意"，"愿仁君及孤，虚心回意"，则可知其书作于十月征权时。瑀当卒于十月作书后。

又俞绍初《曹植年谱》曰："《王粲传》'瑀以十七年卒'。又《文选·魏文帝与朝歌令吴质书》李善注引《典略》曰：'质为朝歌长，大军西征。太子南在孟津小城与质书。'按曹操于建安十六年西征马超，书曰'今果分别，各在一方。元瑜长逝，化为异物。'则瑀于建安十六年似已卒。两说必有一误。按瑀曾代操作书与韩遂，岂死于从征马超时乎？姑且存疑。"民按：《与朝歌令吴质书》作于五月二十八日，而建安十六年之征马超始于七月，次年正月还邺，则五月非西征之时。此书实作于建安二十年征张鲁之役，时令正合。俞说误。故知阮瑀卒于本年无疑。

《鹦鹉赋》作于阮瑀卒前。

植与陈琳、王粲、阮瑀、应玚均有《鹦鹉赋》。本年瑀卒，故应作于本年或稍前。

荀彧自杀，植作《光禄大夫荀侯诔》。

《后汉书·荀彧传》建安十七年，"会南征孙权，表请彧劳军于谯，因表留彧……至濡须，彧病留寿春，操馈之食，发视，乃空器也，于是饮药而卒。时年五十……谥曰敬侯。明年，操遂称魏公云"。《荀彧传》则说：建安十七年，"会征孙权，表请彧劳军于谯，因辄留彧，以侍中光禄大夫持节，参丞相军事。太祖军至濡须，彧疾留寿春，以忧薨，时年五十。谥曰敬侯。明年，太祖遂为魏公矣"。按这两书记载，在荀彧死的时间上与《武帝纪》中的记载也有不同。潘眉《三国志考证》卷四《荀彧传》曰："彧初平二年年二十九，薨年五十，建安十七年也。本传言太祖军至濡须，彧疾留寿春，以忧薨。考《魏武帝纪》，进军濡须口在十八年正月，《吴主传》亦云十八年正月，曹公攻濡须。太祖以十八年正月进军濡须，彧薨在后，似薨于十八年矣。然下云'明年太祖遂为魏公'。为魏公在十八年，彧薨实在十七年，则此传言太祖军至濡须者，将往濡须实未至也。"今从之。

彧死后，植作《光禄大夫荀侯诔》，高度称扬荀彧。《诔》云："如冰之清，如玉之洁。法而不威，和而不亵。百僚欷歔，天子霑缨。机女投杼，农夫辍耕。轮结辄而不转，马悲鸣而倚衡。"

建安十八年癸巳(213)　二十二岁

正月，曹操进军濡须口，攻破孙权江西营，与权相拒月余，乃引军

还。(《武帝纪》《孙权传》)

丕、植兄弟随操北返时，于道遇霖雨，各作《愁霖赋》。

曹丕《愁霖赋》曰："脂余车而秣马，将言旋乎邺都。"植赋曰："迎朔风而爰迈兮，雨微微而逮行。"可知为由南返邺之作。按：丕、植二人同时从征还邺，除北征乌丸不计外，可考者仅建安十七年征孙权时。此行于建安十八年北返。赋或作于北返时之二月。

朱绪曾《曹集考异》谓："此赋作于建安中，盖将旋邺都遇霖雨而作也。"又曰："邺都在北，故云'逆朔风'。文帝《愁霖赋》云：'将言旋于邺都，盖与子建同时作。'"又曰："应场亦有《愁霖赋》。场为平原侯庶子，盖同时作。"

三月，曹操至谯，曹丕、曹植从操拜祖坟，并乘马游观。丕、植均作有《临涡赋》。植并与友人宴游，赋诗于松柏之下。

曹丕《临涡赋》序曰："上建安十八年至谯，余兄弟从上拜坟墓，遂乘马游观，经东园，遵涡水，相伴乎高树之下，驻马书鞭，为临涡之赋。"曹植《临涡赋》已佚。朱绪曾《曹集考异·临涡赋》有目无文，注曰："穆修《参军集·过涡河》诗：'扬鞭策赢马，桥上一徘徊。欲拟《临涡赋》，惭无八斗才。'自注：'昔曹子建临涡作赋，书于桥上。'考魏文帝有《临涡赋》，序云：余兄弟从上拜坟墓。盖子建赋亦同时作。"按：曹操正月攻破孙权江西营，与权相拒月余，然后引军北返，其至谯当在三月。

作《感节赋》。

按：此赋所写情景与曹丕《临涡赋》序合。丕序云"至谯""从上拜坟墓"，植《感节赋》曰："岂吾乡之足顾，恋祖宗之灵丘。""吾乡"

谓谯也。"祖宗之灵丘",即祖坟也。丕序云"遂乘马游观",植赋"携友生而游观",情景亦相同。赋又云"欣阳春之潜润",操北返,正值阳春之月。赋又云"嗟征夫之长勤,虽处逸而怀愁",正指南征孙权一事。

植于谯北归时,又作《归思赋》。

《赋》曰:"背故乡而迁徂,将遥憩乎北滨。"朱绪曾《曹集考异》曰:"子桓《临涡赋》序云:'建安十八年至谯,余兄弟从上拜坟。'此赋云'故乡',亦指谯也。""言去谯郡而北归也。"

四月,至邺。五月,献帝以冀州十郡封操为魏公,加九锡。七月,魏始建社稷宗庙。(《武帝纪》)

前此,友人夏侯威自谯送植至邺,至秋,植作《离友诗》数首送别。

《离友诗》序曰:"乡人有夏侯威者,少有成人之风。余尚其为人,与之昵好。王师振旅,送余于魏邦。"朱绪曾《曹集考异》曰:"《武帝纪》曰:建安十七年冬十月,公征孙权。十八年春正月,进军濡须口,攻破权江西营,获权都督公孙阳,乃引军还。夏四月至邺。……盖子建从武帝军谯,威谯人,故与之好。次年还邺,威送至魏邦。至秋而别也。"黄节《曹子建诗注》按曰:"魏文帝《临涡赋》序云:'建安十八年至谯,余兄弟从上拜坟。'亦可证。《魏志》建安十八年,天子策命操为魏公。诏曰:魏国置丞相已下群卿百僚,皆如汉初诸侯王之制。盖是年始建魏社稷宗庙,故序称魏邦。"又《离友诗》其二"凉风肃兮白露滋",黄节注:"《礼记·月令》曰:孟秋之月,凉风至,白露降。"故作于孟秋也。孟秋,即秋季的第一个月,即七月。

又黄节注《离友诗》曰:"陈思此诗当不止二首。《初学记》十八引曹植《离友诗》曰:'日匿景兮天微阴,经回路兮造北林。'《文选》谢宣远《张子房诗》李善注引曹植《离友诗》曰'灵鉴无私'可证。"按:"灵鉴无私"又见《文选》颜延年《宋郊祀歌》注引曹植《离友诗》。则曹植《离友诗》尚有四言者。

献帝聘操三女为贵人,少者待年于国。植为之作《叙愁赋》。

《叙愁赋》序曰:"时家二女弟,故汉皇帝聘以为贵人,家母见二弟愁思,故令予作赋。"按:据《武帝纪》:"天子聘公三女为贵人,少者待年于国。"又《后汉书·献穆曹皇后传》:"建安十八年,操进三女宪、节、华为夫人,聘以束帛玄纁五万匹。少者待年于国。十九年并拜为贵人。"知操所进之三女为曹宪、曹节和曹华。《叙愁赋》云"二女弟""二弟",盖因少者曹华待年于国也。

又据《武帝纪》,建安十九年正月裴注引《献帝起居注》,至二月癸亥,"又于魏公宗庙授二贵人印绶。甲子,诣魏公宫延秋门,迎贵人升车"。则《叙愁赋》之作,当在建安十八年七月至十九年二月间。

或作《赠丁仪》。

丁晏《陈思王年谱》谓此诗作于建安十九年。吴淇《六朝选诗定论》则谓此诗作于曹丕初用事时。其说曰:"'初秋'二句,谓文帝初用事也。'霜依玉除,风飘飞阁',谓其凭高而作威也。'朝云'句,谓别有小人与事。'农夫'句,谓诸子不与也。'在贵'句,谓文帝身贵,忘平日之交也。'谁能博',恩不及诸子也。'焉念无衣客',谓恩不及丁仪也。'延陵',喻丁仪,亦自喻,乃让国之高贤。'宝剑非所惜',谓我非惜宝剑相赠,时未可也。'子其'云云,需之异日者,情见乎词矣。"吴淇之说,虽句句穿凿,未可信据,但谓作于曹丕初用事时,亦是一说。余冠英《三曹诗选》也说:"这诗大约作于曹丕初即王位的时候,为曹植所意料不到的那些压迫还未发生,只见到丁仪没有得到封赏,怕他心里不安,而以诗安慰他。"北京大学《魏晋南北朝文学史参考资料》亦从此说,徐公持的《曹植诗歌的写作年代问题》也肯定余冠英的建安二十五年说,亦有"创作背景情况已基本弄清,并明确地被考定为某年所作"之言。

其实,说《赠丁仪》一诗作于建安二十五年的主张似有理而实误,余氏也只是说"大约作于",未作肯定。我们说此说之误,最大的理由是时令不合。据《武帝纪》,曹操于建安二十五年正月庚子(二十三日)卒于洛阳,曹丕旋即位于邺,改元延康。二月丁卯(二十一日),葬曹操于邺城西高陵。又据《曹植传》:"文帝即王位,诛丁仪、丁廙并其男口。植与诸侯并就国。"其事皆发生于春季,而本诗谓"初秋凉气发,庭树微销落。凝霜依玉除,清风飘飞阁",显然写的是秋季,与丕初用事之时令异。又本诗曰:"思慕延陵子,宝剑非所惜。子其宁尔心,亲交义不薄。"此应作于丁仪于某年未得封赏时。考《何夔传》:"魏国既建,拜尚书仆射。"裴注:"《魏书》曰:'时丁仪兄弟方进宠,仪与夔不合。'"魏国初建于建安十八年七月,至十一月,魏初置尚书、侍中、六卿,何夔是其选,时丁仪方进宠。则本诗或作于七月魏国初建社稷宗庙后,丁仪未有封赠,植作诗慰之。

九月,作金虎台。十一月,魏初置尚书、侍中、六卿。荀攸为尚书

令；毛玠、崔琰、何夔等为尚书；王粲、杜袭、卫觊、和洽为侍中。（《武帝纪》建安十八年及注引《魏氏春秋》）

植长女金瓠生十九旬而夭折，植作《金瓠哀辞》以悼之。

其序曰："金瓠，予之首女……生十九旬而夭折。"按：曹植次女卒于建安二十年，其《行女哀辞》曰："三年之中，二子频丧。"则长女金瓠应于本年卒。

或作《寡妇诗》。

曹丕、王粲均有《寡妇赋》，曹丕、曹植均有《寡妇诗》，所赋者都是阮瑀妻，应是同时作。曹丕《寡妇赋》序曰："陈留阮元瑜，与余有旧，薄命早亡。每感存其遗孤，未尝不怆然伤心，故作斯赋，以叙其妻子悲苦之情。命王粲并作之。"明言王粲是受命同时之作。曹丕《寡妇诗》序曰："友人阮元瑜早亡，伤其子孤寡，为作此诗。"可见诗赋都为阮瑀妻、子所作，曹植的《寡妇诗》亦当如此。阮瑀卒于建安十七年，有二子，长子熙，武都太守，事迹不详。次子阮籍，生于建安十五年，其父阮瑀死时年仅三岁，故王粲《寡妇赋》中说"提孤孩兮出户，与之步兮东厢"。从曹丕赋序的语气看，云"薄命早亡""每感存其遗孤"，则并非阮瑀死后即赋。《赋》中又云："三辰周兮递照，寒暑运兮代臻。历夏日兮苦长，涉秋夜兮漫漫。"曹植残存的二句《寡妇诗》也说："高坟郁兮巍巍，松柏森兮成行。"更可见作诗赋之时与阮瑀逝世已历有时日，今姑系于此。

植作《出妇赋》《弃妇诗》，为平虏将军刘勋妻王宋被弃而作，应写于建安十八年前。又《代刘勋妻王氏见出为诗》亦同时作。

朱绪曾《曹集考异·出妇赋》注曰："子桓、王粲俱有《出妇赋》，子建又有《弃妇篇》(即《弃妇诗》),皆为刘勋妻王氏而作也。《玉台新咏》云:'王宋者,平虏将军刘勋妻也。入门二十余年。后勋悦山阳司马氏女,以宋无子出之。'子桓《出妇赋》'信无子而应出';子建《弃妇篇》'无子若流星',言王宋无子也。王粲赋'忘旧姻兮弃之',此赋'悦新婚而忘妾',言刘勋悦山阳司马氏女也。"其说可从。据《武帝纪》,建安四年,庐江太守刘勋率众降,封为列侯。《司马芝传》称其"贵宠骄豪"。注引《魏略》谓其"自恃与太祖有宿,自骄慢,数犯法,又诽谤"。《杜畿传》注引《杜氏新书》称刘勋"为太祖所亲,贵震朝廷"。其与曹丕等过从颇密。曹丕《典论·自叙》曰:"尝与平虏将军刘勋、奋威将军邓展等共饮……一坐尽欢。"刘勋在《武帝纪》中最后一次出现,是建安十八年五月,汉献帝策命曹操为魏公,赐九锡,操前后三让,注引《魏书》,联名上书劝进者三十人中,刘勋列名第五,署名"平虏将军华乡侯刘勋"。据《司马芝传》注引《魏略》说他"数犯法,又诽谤。为李申成所白,收治"。其结果是"伏法"。(见上引《杜畿传》注引《杜氏新书》)但未载其卒年。今暂系《出妇赋》等作于建安十八年,因正是刘勋贵宠正盛时,也是抛弃其妻王宋的最可能的时间段。要之,不出建安中。

《代刘勋妻王氏见出为诗》,今本《玉台新咏》有二首,题作《刘勋妻王宋杂诗》二首,谓王氏自作。然其一"翩翩床前帐",《艺文类聚》卷二十九人部别上引作《魏文帝代刘勋出妻王氏诗》。其二"谁言去妇薄"首见唐苏鹗《苏氏演义》卷下云:"按《玉台新咏》载曹植代刘勋妻王氏见出而为之诗曰:'人言去妇薄'"云云,则唐人所见,二诗均非王宋自作。

或谓《浮萍篇》亦为王宋而作，录以备考。

古直《曹子建诗笺》谓《浮萍篇》"当为黄初之作"，"以夫妇之辞写兄弟君臣之感也"。徐公持《曹植诗歌的写作年代问题》则说："古直更断定为黄初年间作。这种观点自有一定道理，曹植确有以夫妇比君臣，寄托自己对曹丕的怨诽的诗作，如《七哀》。不过此诗看来还不能说就是《七哀》一类，确切地说，它同上述《弃妇篇》等作品倒更加接近，存在着某种一致性。为说明这种'一致性'，下面将《浮萍篇》全诗分段列出，并把曹植自己的《弃妇篇》《出妇赋》，曹丕的《代王氏杂诗》二首、《出妇赋》，王粲《出妇赋》中的相应描写也列举在后，以作对照：

> 浮萍寄清水，随风东西流。结发辞严亲，来为君子仇。
>
> > 植《赋》：'妾十五而束带，辞父母而适人；以才薄之陋质，奉君子之清尘。'
>
> 恪勤在朝夕，无端获罪尤。
>
> > 粲《赋》：'竦余身兮敬事，理中馈兮恪勤。'
> >
> > 植《赋》：'承颜色而接意'，'恨无愆而见弃'。
>
> 在昔蒙恩惠，和乐如瑟琴，何意今摧颓，旷若商与参。
>
> > 丕《赋》：'念在昔之恩好，以比翼之相亲。'
> >
> > 植《赋》：'遂摧颓而失望'，'哀爱惠之中零'。
>
> 茱萸自有芳，不若桂与兰；新人虽可爱，不若故所欢。
>
> > 植《赋》：'悦新婚而忘妾。'
> >
> > 丕《赋》：'夫色衰而爱绝。'
> >
> > 丕《诗》：'谁言去妇薄，去妇情更重。'

行云有反期，君恩傥中还？

　　植《赋》：'悼君施之不终。'

　　粲《赋》：'君不笃兮终始。'

慊慊仰天叹，愁心将何诉？

　　植《诗》：'忧怀从中来，叹息通鸡鸣。'

　　植《赋》：'嗟冤结而无诉，乃愁苦以长穷。'

日月不恒处，人生忽若寓。悲风来入帷，泪下如垂露。

　　植《诗》：'天月相终始，流星没无精'，'踟蹰还入房，

　　肃肃帷幕声'，'收泪长叹息'。

散箧造新衣，裁缝纨与素。

　　丕《诗》：'缄藏箧笥里，当复何时披。'

从这些对照中所显示出来的，《浮萍篇》同那五篇作品写的题材就是一回事，连词句都很相仿，可以说它们就是姊妹篇。所以《浮萍篇》也是为王宋而作。"

《七启》当作于建安十六年至十八年间。

　　《七启》中称曹操为"圣宰"，而不用"魏公""魏王"，当作于曹操为丞相之时。本年五月曹操虽仍以丞相领冀州牧，但已封魏公，建魏国，故《七启》应作于本年操封魏公前。又曹操于建安十三年始为丞相，《七启》序中提到命并作的王粲也于建安十三年归操，故《七启》之作，不得早于建安十三年。又《七启》中称及的田文、无忌，当为曹植兄弟自比，则《七启》当为建安十六年曹植等封侯以后至建安十八年间之作。

《离缴雁赋》作于本年至二十二年间的秋季。

《赋》序曰:"余游于玄武陂中,有雁离缴,不能复飞,顾命舟人追而得之,故怜而赋焉。"《武帝纪》:"建安十三年正月,作玄武池,以肄舟师。"据《水经·洹水》"又东北出山过邺县南",郦道元注:"西迳魏武玄武故苑,苑旧有玄武池以肄舟楫。"《资治通鉴》胡三省注:"邺城有玄武苑,操凿池其中。"故知赋作于邺。又《赋》曰:"白露凄以飞扬兮,秋风发乎西商。感节运之复至兮,假魏道而翱翔。"其云"假魏道",应指建安十八年操封魏公建魏国后。考植于建安二十三年七月从征刘备后,未尝于秋季留居邺,故本赋应于建安二十三年以前作。

又曹丕亦有《于玄武陂作》一诗。诗曰:"兄弟共行游,驱车出西域。""兄弟"中当有曹植在内。赋与诗是否同时之作,不能确知。

建安十九年甲午(214) 二十三岁

三月,献帝使魏公曹操位在诸侯王上。(《武帝纪》)

植或于本年春,作《赠王粲》诗。

《杜袭传》:"魏国既建,为侍中,与王粲、和洽并用。粲强识博闻,故太祖游观出入,多得骖乘。至其见敬,不及洽、袭。袭尝独见,至于夜半。粲性躁竞,起坐曰:'不知公对杜袭道何等也?'洽笑答曰:'天下事岂有尽邪?卿昼侍可矣,恓恓于此,欲兼之乎?'"建安十八年十一月,魏初建侍中,王粲是其选。虽然,王粲亦有不如意处,故植《赠王粲》诗曰:"重阴润万物,何惧泽不周。谁令君多念,自使怀百忧。"与《杜袭传》所记事迹合。故应作于王粲为侍中之十八年或稍后。《赠王粲》诗又曰："树木发春华"，则知此诗作于春季，而王粲于建安十八年十一月始为侍中，则当作于十八年以后的某年春季。又黄节《曹子建诗注》认为《赠王粲》一诗"盖拟王粲《杂诗》"日暮游西园"而作。"自'羲和逝不留'句以上，皆逐句相拟。（按指植诗的'端坐苦愁思，揽衣起西游'，拟粲诗的'日暮游西园，冀写忧思情'；植诗的'树木发春华，清池激长流'，拟粲诗的'曲池扬素波，列树敷丹荣'；植诗的'中有孤鸳鸯，哀鸣求匹俦'，拟粲诗的'上有特栖鸟，怀春向我鸣'；植诗的'我愿执此鸟，惜哉无轻舟'，拟粲诗的'褰衽欲从之，路险不得征'；植诗的'欲归忘故道，顾望但怀愁'，拟粲诗的'徘徊不能去，伫立望尔形'；植诗的'悲风鸣我侧，羲和逝不留'，拟粲诗的'风飘扬尘起，白日忽已冥'。'重阴'二句，乃拟粲诗'人欲'二句；'谁令'云云，始是植意。'君'指王粲，'多念'、'百忧'，指粲诗言也。）建安诸子为诗，往往互相摹拟，不独此篇矣。"按：黄节说是。则植诗中的"西游"，即粲诗中的"西园"，即铜雀园；植诗中的"清池"，即粲诗中的"曲池"，"西园"中的芙蓉池。曹丕《芙蓉池作》有"乘辇夜行游，逍遥步西园"句可证。由此可知，曹植的《赠王粲》一诗，应作于邺。考王粲于建安二十二年正月卒于征吴道中，则其春季在邺时间为建安十九年、二十年一至二月，二十一年二至三月。今暂系于本年。

植由平原侯徙封临淄侯。

《陈思王植传》："（建安）十九年，徙封临淄侯。太祖征孙权，使植留守邺。"按：操征孙权在本年七月，从本传叙次看，徙封临淄侯当在七月征孙权前。又杨修《出征赋》曰："嗟夫吴之小夷，负川

阻而不延……公命临淄，守于邺都。"称植为临淄，亦可知曹操七月
出征前植已为临淄侯。

任嘏为临淄侯植庶子。

《王昶传》注引《任嘏别传》："会太祖创业，召海内至德，嘏应
其举，为临淄侯庶子。"

郑袤、徐幹为临淄侯植文学。

《郑浑传》注引《晋阳秋》曰："袤子袤，字材叔……初为临淄侯
文学，稍迁至光禄大夫。"又《晋书·郑袤传》："魏武帝初封诸子为
侯，精选宾友，袤与徐幹俱为临淄侯文学。"两处均云临淄侯文学，
当为曹植由平原侯转为临淄侯以后。

邯郸淳亦曾为临淄侯文学。

《王粲传》注引《魏略》曰：邯郸淳博学有才章，"初平时，从三
辅客荆州。荆州内附，太祖素闻其名，召与相见，甚敬异之。时五
官将博延英儒。亦宿闻淳名，因启淳欲使在文学官属中。会临淄侯
植亦求淳，太祖遣淳诣植"。

曹操欲立植为太子，丁仪、丁廙、杨修等为植羽翼，丕患之，私与
朝歌令吴质谋。崔琰、毛玠等谏操，未果。在丕、植立储中，主立植
者，尚有邯郸淳、杨俊、孔桂、荀恽、曹彰诸人。主立丕者，尚有贾
诩、邢颙、桓阶、卫臻、曹真、武帝王昭仪、郭后诸人。

《陈思王植传》："十九年，徙封临淄侯……植既以才见异，而
丁仪、丁廙、杨修等为之羽翼。太祖狐疑，几为太子者数矣。"注引
《世语》曰："修年二十五，以名公子有才能，为太祖所器，与丁仪
兄弟，皆欲以植为嗣。太子患之，以车载废簏，内朝歌长吴质与

谋。修以白太祖，未及推验。太子惧，告质。质曰：'何患？明日复以簏受绢车内以惑之，修必复重白，重白必推而无验，则彼受罪矣。'世子从之，修果白而无人，太祖由是疑焉。"杨修本年二十五岁（说见初平三年），故其事应发生在本年。《世语》中二次称丕为"太子"，当作"世子"为是。

丁仪、丁廙、杨修助植，尚有下列记载：《陈思王植传》注引《魏略》曰："丁仪，字正礼，沛郡人也……（太祖）闻仪为令士，虽未见，欲以爱女妻之，以问五官将。五官将曰：'女人观貌，而正礼目不便，诚恐爱女未必悦也。'以为不如与伏波子楙。太祖从之。寻辟仪为掾，到与论议，嘉其才朗，曰：'丁掾好士也，即使其两目盲，尚当与女，何况但眇。是吾儿误我。'时仪亦恨不得尚公主，而与临淄侯亲善，数称其奇才。太祖既有意欲立植，而仪又共赞之。"注又曰："廙字敬礼，仪之弟也。《文士传》曰：廙少有才姿，博学洽闻。初辟公府，建安中为黄门侍郎。廙尝从容谓太祖曰：'临淄侯天性仁孝，发于自然，而聪明智达，其殆庶几。至于博学渊识，文章绝伦。当今天下之贤才君子，不问少长，皆愿从其游而为之死，实天所以钟福于大魏，而永授无穷之祚也。'欲以劝动太祖。太祖答曰：'植，吾爱之，安能若卿言！吾欲立之为嗣，何如？'廙曰：'此国家之所以兴衰，天下之所以存亡，非愚劣琐贱者所敢与及。廙闻知臣莫若于君，知子莫若于父。至于君不论明暗，父不问贤愚，而能常知其臣子者何？盖由相知非一事一物，相尽非一旦一夕。况明公加之以圣哲，习之以人子。今发明达之命，吐永安之言，可谓上应天命，下合人心，得之于须臾，垂之于万世者也。虞不避斧钺之诛，敢不尽言！'太祖深纳之。"

又注引《典略》曰："杨修，字德祖，太尉彪子也。谦恭才博。建安中，举孝廉，除郎中，丞相请署仓曹属主簿。是时，军国多事，修总知外内，事皆称意。自魏太子已下，并争与交好。又是时临淄侯植以才捷爱幸，来意投修，数与修书……植后以骄纵见疏，而植故连缀修不止，修亦不敢自绝。至二十四年秋，公以修前后漏泄言教，交关诸侯，乃收杀之。修临死，谓故人曰：'我固自以死之晚也。'其意以为坐曹植也。"注又引《世语》曰："修与贾逵、王凌并为主簿，而为植所友。每当就植，虑事有阙，忖度太祖意，豫作答教十余条，敕门下，教出以次答。教裁出，答已入，太祖怪其捷，推问始泄。太祖遣太子及植各出邺城一门，密敕门不得出，以观其所为。太子至门，不得出而还。修先戒植：'若门不出侯，侯受王命，可斩守者。'植从之。故修遂以交构赐死。"

吴质于争储中之表现，尚有《王粲传》注《魏略》及《世语》所载可见。《魏略》曰："质字季重，以才学通博，为五官将及诸侯所礼爱；质亦善处其兄弟之间，若前世楼君卿之游五侯矣。"按：据《汉书·游侠传》载："楼护字君卿……为京兆吏数年，甚得名誉。是时王氏方盛，宾客满门，五侯兄弟争名，其客各有所厚，不得左右，（颜师古注："不相经过也。"）唯护尽入其门，咸得其欢心。"《世语》则云："魏王尝出征，世子及临淄侯并送路侧。植称述功德，发言有章，左右属目，王亦悦焉。世子怅然自失。吴质耳曰：'王当行，流涕可也。'及辞，世子泣而拜，王及左右咸歔欷，于是皆以植辞多华，而诚心不及也。"

在曹操欲立植时，崔琰、毛玠等尝谏之。《崔琰传》说："崔琰字季珪，清河东武城人也……魏国初建，拜尚书。时未立太子，临淄侯植有才而爱。太祖狐疑，以函令密访于外。唯琰露板答曰：'盖闻《春秋》之义，立子以长，加五官将仁孝聪明，宜承正统。琰以死守之。'植，琰之兄女婿也。太祖贵其公亮，喟然叹息。"又《毛玠传》说："毛玠字孝先，陈留平丘人也……魏国初建，为尚书仆射，复典选举。时太子未定，而临淄侯植有宠，玠密谏曰：'近者袁绍以嫡庶不分，覆宗灭国。废立大事，非所宜闻。'后群僚会，玠起更衣，太祖目指曰：'此古所谓国之司直，我之周昌也。'"

按：此二传均谓"魏国初建"，太子未立，又称植为临淄侯。魏国于建安十八年初建，曹植于建安十九年为临淄侯，则此事当在十九年，最迟亦不超过建安二十一年五月，因五月崔琰被杀，毛玠被废黜。

主立曹丕为太子者，还有贾诩等人。《贾诩传》曰："是时，文帝为五官将，而临淄侯植才名方盛，各有党与，有夺宗之议。文帝使人问诩自固之术，诩曰：'愿将军恢崇德度，躬素士之业，朝夕孜孜，不违子道。如此而已。'文帝从之，深自砥砺。太祖又尝屏除左右问诩，诩嘿然不对。太祖曰：'与卿言而不答，何也？'诩曰：'属适有所思，故不即对耳。'太祖曰：'何思？'诩曰：'思袁本初、刘景升父子也。'太祖大笑，于是太子遂定。"

又《邢颙传》："邢颙，字子昂，河间鄚人也……后参丞相军事，转东曹掾。初，太子未定，而临淄侯植有宠，丁仪等并赞翼其美。太祖问颙，颙答曰：'以庶代宗，先世之戒也。愿殿下深重察之！'

太祖识其意，后遂以为太子少傅，迁太傅。"

又《桓阶传》："桓阶，字伯绪，长沙临湘人也……魏国初建，为虎贲中郎将侍中。时太子未定，而临淄侯植有宠。阶数陈文帝德优齿长，宜为储副，公规密谏，前后恳至。"注引《魏书》称"阶谏曰：'今太子仁冠群子，名昭海内，仁圣达节，天下莫不闻；而大王甫以植而问臣，臣诚惑之。'于是太祖知阶笃于守正，深盖重焉。"

又《卫臻传》："卫臻，字公振，陈留襄邑人也……初，太祖久不立太子，而方奇贵临淄侯。丁仪等为之羽翼，劝臻自结，臻以大义拒之。"

又《曹真残碑》曰："矢石闻豫，侍坐公子，将和同生，使少长有序。"杨树达《积微居小学金石论丛》卷六《魏曹真残碑跋》曰："陈思王与文帝互争继嗣……当时臣下分党拥戴……碑文谓'将和同生'者，谓欲使其兄弟和协。文帝为兄而陈思乃其弟，真乃党于文帝者，故云'令少长有序'。然则名为和协，实则有所偏袒也。此事为真传所不载。然文帝即位后，真特见宠擢封侯。碑文所言，正可说明其故。"

又《武文世王公传》载："赵王幹，建安二十年封高平亭侯……幹母（王昭仪）有宠于太祖。及文帝为嗣，幹母有力。"又《郭后传》："文帝定为嗣，后有谋焉。"

亲近于植，有意称扬植，或明言以植为继者，尚有邯郸淳等诸人，如《王粲传》注引《魏略》曰："（邯郸）淳一名竺，字子叔。博学有才章……太祖遣游诣植……及暮，淳归，对其所知叹植之材，谓之'天人'。而于时世子未立，太祖俄有意于植，而淳属称植材，由是五官将颇不悦。"

又《杨俊传》:"杨俊字季才,河内获嘉人也……初,临淄侯与俊善,太祖适嗣未定,密访群司。俊虽并论文帝、临淄才分所长,不适有所据当,然称临淄侯犹美,文帝常以恨之。"

又《明帝纪》注引《魏略》:"曰(孔)桂字叔林,天水人也……桂性便辟,晓博弈、蹋鞠,故太祖爱之,每在左右,出入随从。桂察太祖意,喜乐之时,因言次曲有所陈,事多见从,数得赏赐,人多馈遗,桂由此侯服玉食。太祖既爱桂,五官将及诸侯亦皆亲之。其后桂见太祖久不立太子,而有意于临淄侯,因更亲附临淄侯而简于五官将,将甚衔之。"

又《荀彧传》:"子恽,嗣侯,官至虎贲中郎将。初,文帝与平原侯植并有拟论,文帝曲礼事彧。及彧卒,恽又与植善,而与夏侯尚不穆,文帝深恨恽。"按:荀彧卒于建安十七年,则荀恽与植亲善之年,正为争储之时。丕之恨恽,当与争储有关。

又《任城威王彰传》:"太祖至洛阳,得疾,驿召彰,未至,太祖崩。"注引《魏略》曰:"彰至,谓临淄侯植曰:'先王召我者,欲立汝也。'植曰:'不可。不见袁氏兄弟乎!'"

按:从记载看,曹丕、曹植争储之起因,乃在于曹操举棋不定。初,曹操有意于曹冲,据《曹冲传》载:"太祖数对群臣称述,有欲传后意。"曹丕也知其意,故《武文世王公传·曹冲传》注引《魏略》曰:"文帝常言:'家兄(指曹昂)孝廉,自其分也。若使仓舒(曹冲字仓舒)在,我亦无天下。'"及曹冲早卒,操又欲以植为嗣,引起立嗣之争。此事于植,虽有所希冀,似无必夺之心,只是"任性而行，不自雕励，饮酒不节"，听其自然而已。而在丕，则"御之以术，矫情自饰"。既定之后，植也听从安排，故对曹彰欲让他继位时说："不可。不见袁氏兄弟乎！"

七月，操征孙权。（《武帝纪》）

植留守邺，作《东征赋》。

《陈思王植传》："太祖征孙权，使植留守邺，戒之曰：'吾昔为顿丘令，年二十三。思此时所行，无悔于今。今汝年亦二十三矣，可不勉与！'"

植作《东征赋》。其序曰："建安十九年，王师东征吴寇，余典禁兵，卫宫省。然神武一举，东夷必克，想见振旅之盛，故作赋一篇。"时杨修亦作《出征赋》，其赋曰："嗟夫吴之小夷，负川阻而不廷。肇天子之命公，总九伯而是征……公命临淄，守于邺都。"

作《游观赋》。

赵幼文《曹植集校注》曰："案赋句：登北观，涉飞除，据此探索，似作于在邺时。又云：从黑熊之武士，或写于典禁兵之际，盖在建安十九年秋也。"可备一说。植于七月留守邺，典禁兵，正赋中所云"挥汗如雨"的季节。

秋九月，植生次女行女。

《行女哀辞》曰："行女生于季秋而终于首夏。"说详见下年。

十月，操自合肥还。十一月，因伏完密图操事泄，伏后被幽死。

《后汉书·伏皇后纪》："董承女为贵人，操诛承而求贵人杀之。帝以贵人有妊，累为请，不能得。后自是怀惧，乃与父完书，言曹操残逼之状，令密图之。完不敢发。至十九年，事乃露泄。"又《武帝纪》建安十九年："十一月，汉皇后伏氏坐昔与父故屯骑校尉完书，云帝以董承被诛怨恨公，辞甚丑恶，发闻，后废黜死，兄弟皆伏法。"

十二月，操至孟津。汉帝命操置旄头，宫殿设钟虡。(《武帝纪》)

植于本年作《与吴季重书》，吴质有《答东阿王书》。

张可礼《三曹年谱》系曹植《与吴季仲书》于本年。其曰："书曰：'墨翟不好伎，何为过朝歌而回车乎？足下好伎，值墨翟回车之县。'知植写是书时，吴质(字季重)为朝歌长。《三国志》卷二一《魏书·吴质传》注引《魏略》曰：'及河北平定，(大将军)〔五官将〕为世子，质与刘桢等并在坐席。桢坐谴之际，质出为朝歌长。'《世说新语》卷一《言语》第二：'刘公干以失敬罹罪。'注引《典略》曰：'建安十六年，世子为五官中郎将，妙选文学，使桢随侍太子。酒酣坐欢，乃使夫人甄氏出拜。坐上客多伏，而桢独平视。他日公闻，乃收桢，减死输作部。'《文选》卷四二引吴质《答东阿王书》曰：'墨子回车，而质四年。'知质为朝歌长始于建安十六年，至是岁正四年。故系是书于此。"按：其说可从。

吴质《答东阿王书》是吴质接到曹植的信后及时的回信。故开头就说："质白，信到，奉所惠贶，发函伸纸，是何文采之巨丽，而慰喻之绸缪乎。"及上引"墨子回车，而质四年"之说，可知《答东阿王书》亦作于本年。至其题作"东阿王"，乃后人误题。据植传，曹植于明帝太和三年(229)三十八岁时始"徙封东阿"，与书信内容不合。

建安二十年乙未(215)　二十四岁

正月，献帝立操中女曹节为皇后。(《武帝纪》)

三月，操西征张鲁，至陈仓，将自武都入氐，氐人塞道，遣张郃等攻破之。(《武帝纪》)

陈琳、王粲从征张鲁。

《文选·为曹洪与魏文帝书》李善注曰："陈琳集曰：琳为曹洪与文帝笺。文帝集序曰：'上平定汉中，族父都护还书与余，盛称彼方土地形势。观其辞，如陈琳所叙为也。'"故知陈琳从征。

又《文选·从军诗》李善注曰："《魏志》曰：建安二十年三月，公西征张鲁，鲁及五子降。十二月，至自南郑。是行也，侍中王粲作五言诗以美其事。"诗云"西收边地贼，忽若俯拾遗"，即指此役。故知王粲从征。

植留守邺。丕居孟津，命植求钟繇玉玦。

《文选·与朝歌令吴质书》李善注曰："《典略》曰：质为朝歌长，大军西征，太子南在孟津小城与质书。"书曰："五月十八日丕白"，又曰："元瑜长逝，化为异物。"此当为本年事。若建安十六年之西征，操七月始自将西行，与此五月时令不合。又阮瑀卒于建安十七年，不得十六年就有"元瑜长逝"之句。

又《钟繇传》注引《魏略》曰："太祖征汉中，太子在孟津，闻繇有玉玦，欲得之而难公言，密使临淄侯转因人说之，繇即送之。太子与繇书曰：'……近见南阳宗惠叔，称君侯昔有美玦，闻之惊喜，笑与抃俱。当自白书，恐传言未审，是以令舍弟子建因荀仲茂转言鄙旨。'"其书《文选》卷二十一题作《与钟大理书》。据《钟繇传》："魏国初建，为大理。"时钟繇正为大理，留邺，故丕书曰："邺骑既到，宝玦初至。"由此可推知，操西征，丕进驻军事要地孟津，植仍留守邺。丕于孟津闻宗惠叔言及钟繇有美玦，即派人至邺告植，因荀宏（字仲茂）转告钟繇。繇即派人送玦至孟津。

四月，操自陈仓出散关，至河池。（《武帝纪》）

植次女行女卒于首夏（四月），植为之作《行女哀辞》。

《行女哀辞》序曰："行女生于季秋而终于首夏。三年之中，二子频丧。"《文选》谢灵运《拟魏太子邺中诗》李注引《行女哀辞》曰："家王征蜀汉。"按：曹操于建安二十一年五月始进爵为魏王，若以魏王身份征蜀汉，当为建安二十三四年征刘备时。但据《文心雕龙·哀吊》曰："建安哀辞，惟伟长差善。《行女》一篇，时有恻怛。"可知徐幹也写有《行女哀辞》。而徐幹卒于建安二十二年，则不得于建安二十三四年复作《行女哀辞》。故家王征蜀汉之"家王"，当为追述之辞。行女卒年，当在本年征张鲁时。又挚虞《文章流别论》曰："哀辞……建安中，文帝与临淄侯各失稚子，命徐幹、刘桢等为之哀辞。"植失稚子，当即指行女而言。今徐幹、刘桢所作之哀辞均亡佚。

五月，攻破氐王窦茂。七月，操至阳平，大破张鲁军，鲁溃奔巴中。操遂入南郑。巴、汉皆降。十一月，张鲁自巴中降。（《武帝纪》）

路粹从军汉中，违禁被杀。

《王粲传》注引《典略》，谓路粹乃承曹操旨意构陷孔融以死者也。又谓"至十九年，粹转为秘书令，从大军至汉中，坐违禁贱请驴伏法。太子素与粹善，闻其死，为之叹惜"。

十二月，操自南郑还，留夏侯渊屯汉中。（《武帝纪》）

本年，植异母弟幹封高平亭侯。（《武文世王公传》）

建安二十一年丙申（216）　二十五岁

二月，操还邺。（《武帝纪》）

王粲作《从军诗》其一"从军有苦乐"以颂之。

　　《武帝纪》：建安二十年"十二月，公自南郑还，留夏侯渊屯汉中"。裴注曰："是行也，侍中王粲作五言诗以美其事。曰'从军有苦乐'"云云。按：诗云"歌舞入邺城，所愿获无违"，则应作于二十一年二月返邺后。

五月，操进爵为魏王。献帝命王女为公主，食汤沐邑。（《武帝纪》）

操赐崔琰死。琰乃植妻之叔父。

　　《崔琰传》："琰尝荐钜鹿杨训，虽才好不足，而清贞守道，太祖即礼辟之。后太祖为魏王，训发表称赞功伐，襃述盛德。时人或笑训希世浮伪，谓琰为失所举。琰从训取表草视之，与训书曰：'省表事佳耳！时乎时乎，会当有变时。'琰本意讥论者好谴呵而不寻情理也。有白琰此书傲世怨谤者，太祖怒曰：谚言'生女耳'，'耳'非佳语；'会当有变时'，意指不逊。于是罚琰为徒隶，使人视之，辞色不挠。太祖令曰：'琰虽见刑，而通宾客，门若市人，对宾客虬须直视，若有所瞋。'遂赐琰死。"又曰："植，琰之兄女婿也。"《资治通鉴》系琰死于五月，今从之。

盛夏，曹丕作《槐赋》，使王粲并赋之。植亦有《槐赋》，应同时作。植又作《大暑赋》，陈琳、王粲、刘桢并作之。杨修作而不敢献。

俞绍初《王粲年谱》系王粲《槐赋》于建安十九年，曰："应曹丕教作《槐赋》。"又曰："《艺文类聚》卷八十八引曹丕《槐赋序》云：'文昌殿中槐树。盛暑之时，余数游其下，美而赋之。王粲直登贤门，小阁外亦有槐树，乃就使赋焉。'按杨晨《三国会要》卷八（七），登贤门在听政门外，近内朝，粲必以侍中值登贤门。考粲于建安十八年十一月为侍中，二十年三月西征张鲁，二十一年二月还邺，二十二年春卒，盛暑之时在邺者唯十九、二十一两年，今暂系此事于是年。"张可礼《三曹年谱》亦从其说系于建安十九年。

赵幼文《曹植集校注·槐赋》加按曰："王粲为侍中而夏季在邺时只十九年与二十一年。十九年曹丕在孟津，惟二十一年夏，子建兄弟与王粲俱在邺。而赋称操为至尊，当在操封魏王时。此赋创作时代，或在此时。"今从赵幼文说，系于建安二十一年。

按：曹植《槐赋》亦云"凭文昌之华殿"，应与丕赋同时作。

植所作《大暑赋》，曾命杨修等应和。据本年曹植所作《与杨德祖书》（说见下）杨修有答书云："是以对《鹖》而辞作，《暑赋》弥日而不献。"或亦作于本年盛夏之时。与之应和者有陈琳、王粲、刘桢等人。

本年或稍前，曹植作《鹖赋》，王粲亦作，杨修辞不作。

说见上。

植《芙蓉赋》或作于建安二十一二年秋。

《芙蓉赋》是一篇赞美荷的赋，不知作于何年。但从赋句"退润王宇，进文帝庭"的对句中，约略可推知作赋的起因是由铜雀园中芙蓉池的荷花引起的。芙蓉池是曹植兄弟及其幕僚常游之地，曹植还有《芙蓉池》诗，即"逍遥芙蓉池，翩翩戏轻舟"。赋中的"王宇"应指曹操封魏王之后。本年五月操进爵为王，至十月始治兵征孙权，则本年秋尚居邺。建安二十二年三月操引军还邺，至二十三年七月操自将击刘备，植从行，至操卒前植未返邺。则《芙蓉赋》之作，应于建安二十二年秋。赋中的"帝庭"应指汉献帝宫廷，故曰"退润""进文"，"润""文"均有饰意。

十月，操治兵，征孙权。(《武帝纪》)

是时，卞后、曹丕、曹叡等皆从征。

《甄后传》注引《魏书》曰："二十一年，太祖东征。武宣皇后、文帝及明帝、东乡公主皆从。时后以病留邺。"

曹植留守邺。

曹植《王仲宣诔》曰："吉往凶归"，又曰："丧柩既臻，将及魏宗。"从所用"凶归""柩臻"等词句中，知植于魏京邺迎回王粲灵柩。王粲于建安二十二年卒于征吴途中，可知本年植未从行，留于邺。

徐公持《曹植生平八考》谓"植诔有'携手同征'句可知其(按指曹植)在军中"。因而认为植于本年从征孙权。民按：诔文所云"庶几遐年，携手同征"，"庶几"者，希冀之词。这里希望与王粲同享高年，能永为携手同行之好也。非谓此次携手同征孙权也。

陈琳亦从征。

陈琳《神女赋》曰："汉三七之建安，荆野蠢而作仇。赞皇师以南假，济汉川之清流。"

十一月，操至谯。(《武帝纪》)

王粲作《从军诗》第二、第三、第四、第五首。

　　《王粲传》："建安二十一年，从征吴。"其《从军诗》其二云"桓桓东南征"，其三云"讨彼东南夷"，其四云"率彼东南路"，皆指征吴而言；其五云"朝入谯郡界，旷然消人忧"。则此四首为入谯后所作。

本年，植同母兄曹彰封鄢陵侯。(《任城威王彰传》)

其异母弟曹衮封平乡侯，曹峻封郿侯，曹彪封寿春侯。(《武文世王公传》)

植删定其文章为《前录》七十八篇，并作序，请杨修刊定，作《与杨德祖书》，书中对建安诸子发表了自己的看法。

　　植《与杨德祖书》曰："仆少小好为文章，迄至于今二十有五年矣。"故知植书作于本年，植二十五岁时。

　　书又曰："今往仆少小所著辞赋一通相与。"又《艺文类聚》卷五十五引曹植《文章序》曰："余少而好赋，其所尚也，雅好慷慨，所著繁多。虽触类而作，然芜秽者众。故删定别撰，为《前录》七十八篇。"又杨修《答临淄侯笺》中说："损辱嘉命，蔚矣其文。诵读反覆，虽讽雅颂，不复过此……猥受顾赐，教使刊定。《春秋》之成，莫能损益。"由此可见，植之《前录》，曾请杨修刊定。

　　《与杨德祖书》中，对建安诸子也表述了自己的看法，其曰："昔仲宣独步于汉南；孔璋鹰扬于河朔；伟长擅名于青土；公幹振藻于海隅；德琏发迹于大魏；足下高视于上京。当此之时，人人自谓握灵蛇之珠，家家自谓抱荆山之玉……然此数子犹复不能飞轩绝迹，一举千里也。以孔璋之才，不闲于词赋，而多自谓能与司马长卿同风；譬画虎不成，反为狗也。前有书嘲之，反作论盛道仆赞其文。夫钟期不失听，于今称之，吾亦不能妄叹者，畏后世之嗤余也！"

或谓作《薤露行》。

余冠英《三曹诗选》曹植《薤露行》曰："作者《与杨德祖书》道：'吾虽德薄，位为藩侯，犹庶几戮力上国，流惠下民，建永世之业，留金石之功。'就是这首诗前半的意思。那篇书札又说：'若吾志未果，吾道不行，则将采庶官之实录，辨时俗之得失，定仁义之衷，成一家之言。'就是这诗后半的意思。"据此，俞绍初《曹植年谱》认为"此诗或与《与杨德祖书》同时作。"按此可为一家之言，但不足论定其作年。

《迷迭香赋》作于本年前。

曹丕、曹植、陈琳、王粲、应玚诸人均作有《迷迭香赋》。丕赋序曰："余种迷迭于中庭，嘉其杨条吐香，馥有令芳，乃为之赋曰"云云。植赋曰："播西都之丽草兮，应青春而凝晖。流翠叶于纤柯兮，结微根于丹墀。"陈琳赋曰："立碧茎之婀娜，铺彩条之蜿蟺……匪荀方之可乐，实来仪之丽闲。"王粲赋曰："扬丰馨于西裔兮，布和种于中州。去原野之侧陋兮，植高宇之外庭。"应玚赋曰："列中堂之严宇，跨阶序而骈罗。"应是同时唱和之作。王粲卒于二十二年春正月征吴途中，则《迷迭香赋》不得迟于本年十月征吴前。《建安七子集校注》推断为建安十六年至十九年之间。

《车渠碗赋》或作于建安二十一年前。

曹丕、曹植、王粲、徐幹、应玚诸人均作有《车渠碗赋》。初，西国献车渠于操，玉匠琢磨成碗。崔豹《古今注》卷下《杂注》云："魏武帝以马瑙石为马勒，以车渠石为酒杯。"丕于宴会时传观，众叹为观止。丕赋序曰："车渠，玉属也，多纤理缛文。生于西国，其俗宝之。小以系颈，大以为器。"植赋曰："隐神璞于西野，弥百叶而莫希。于时乃有笃厚神后，广被仁声。夷慕义而重使，献兹宝于斯庭。命公输之巧匠，穷妍丽之殊形。"赵幼文《曹植集校注》加按曰："《武帝纪》：建安二十年，曹操攻屠河池，西平、金城诸将麴演、蒋石等共斩送韩遂首。凉州平定，西域交通开始恢复，西域诸国馈送，才能达致邺都。应、徐、王俱死于二十二年，则此赋创作时间，不会后于二十二年春天，是时王粲已死，据此或写于二十一年中。"

民按：植赋中所说的"笃厚神后"，指曹操为魏王，操于建安二十一年五月始为魏王。植赋又曰"俟君子之闲燕，酌甘醴于斯觥。"王粲赋亦曰："侍君子之宴坐，览车渠之妙珍。""君子"，当指曹丕。时丕为五官中郎将，至建安二十二年十月始为太子。故这里称君子。又本年曹操、曹丕、曹植等人均在邺都，有会宴的时机。这些都可为赵幼文说作补证。

《孔雀赋》(已佚)作于本年至建安二十三年。

杨修《孔雀赋》序曰："魏王园中有孔雀，久在池沼，与众鸟同列。其初至也，甚见奇伟，而今行者莫视。临淄侯感世人之待士，亦咸如此，故兴志而作赋，并见命及，遂作赋曰"云云。本年曹操为魏王，曹植于建安十九年始为临淄侯，故应于本年至建安二十三年间作《孔雀赋》。至建安二十四年植从征刘备，不得在邺。

建安二十二年丁酉（217） 二十六岁

正月，操军居巢。（《武帝纪》）

二十四日，王粲道病卒。植作《王仲宣诔》。

《王粲传》："建安二十一年从征吴，二十二年春，道病卒。时年四十一。"曹植《王仲宣诔》曰："维建安二十二年正月二十四日戊申，魏故侍中关内侯王君卒。"

《世说新语·伤逝》："王仲宣好驴鸣，既葬，文帝临其丧，顾语同游曰：'王好驴鸣，可各作一声送之。'赴客皆一作驴鸣。"

《元和郡县志》卷十"兖州任城县"："魏王粲墓在县南五十二里。"《太平寰宇记》卷十四"济州任城县"："魏王粲墓在县南五十二里。"

二月，操进军屯江西郝豀。孙权在濡须口筑城拒守。操逼攻之，权退走。（《武帝纪》）徐幹、陈琳、应玚、刘桢均卒于本年二月之大疫。植有《说疫气》。

《王粲传》："幹、琳、玚、桢二十二年卒。文帝书与元城令吴质曰：'昔年疾疫，亲故多离其灾，徐、陈、应、刘，一时俱逝。'"

《司马朗传》："建安二十二年，与夏侯惇、臧霸等征吴。到居巢，军士大疫，朗躬巡视，致医药。遇疾卒，时年四十七。"由此可知，本年曹军至居巢的正月，军中已大疫，王粲病死于疫。司马朗也病死于疫。

佚名《中论序》曰："（徐幹）年四十八，建安二十三年春二月遭厉疾，大命陨颓，岂不痛哉！"二十三年当是二十二年传写之误。曹丕称"徐、陈、应、刘，一时俱逝"，则陈琳、应场、刘桢大致也卒于二月。

又《文帝纪》注引《魏书》曰："帝初在东宫，疫疠大起，时人雕伤，帝深感叹，与素所敬者大理王朗书曰：'……疫疠数起，士人凋落。'"则知本年丕初为太子的十月，疫疠又起，故丕书曰"数起"。曹操也在建安二十三年《赡给灾民令》中提及"去冬天降疫疠"，即指十月这次。

曹植在建安二十二年这次大疫中，专门写了《说疫气》一文。其曰："建安二十二年，疠气流行，家家有僵尸之痛，室室有号泣之哀。或阖门而殪，或覆族而丧。"可见其疫情之大。

植《神龟赋》作于本年前。

丁晏《曹集铨评》曰："陈琳《答东阿王笺》：'并示《龟赋》，披览粲然。'即此赋也。王三十八岁徙封东阿，此赋在东阿时作。"故丁氏系此赋于太和三年（229）。民按：丁氏失考。陈琳卒于建安二十二年，何能于太和中作书与植？《文选》题作《答东阿王笺》，乃后人误题也。是则《神龟赋》应作于陈琳卒前。《笺》中称植为"君侯"，则不得早于建安十六年植封侯前。

《斗鸡诗》是建安中，曹植与刘桢、应场等同作。

丁晏《陈思王年谱》系此诗于太和元年（227），其说云："《邺都故事》：魏明帝太和中筑斗鸡台，集有《斗鸡诗》。"按：丁说误。朱绪曾《曹集考异》、黄节《曹子建诗注》都曾考订。黄节曰："山阳丁晏以此篇为作于明帝太和中,殆未悟应玚诗:兄弟游戏场,命驾迎众宾二语,乃子桓未即帝位时,与子建游戏斗鸡之作。若在明帝时,则不得言兄弟矣,朱氏驳之是也。"

考刘桢、应玚各有《斗鸡诗》。应玚《斗鸡诗》云:"戚戚怀不乐,无以释劳勤。兄弟游戏场,命驾迎众宾。"此"兄弟"指曹丕、曹植。若至明帝太和时,曹丕已称帝,与曹植不能再叙兄弟关系。且曹丕、刘桢、应玚早已故世。故诗亦应作于建安二十二年前。

赵幼文《曹植集校注》曰:"案玚诗称曹丕、曹植为兄弟,与《侍五官中郎将建章台集诗》称丕为公子有别,疑此篇或作于曹丕未任五官中郎将之前,即建安十六年之前也。"吴云主编《建安七子集》收曹立波、戚津虹的《应玚集校注·斗鸡诗》引赵幼文说后进一步认为:"在建安十三年三国鼎立的局面基本形成,生活安定、经济发展以后,贵族公子们得斗鸡走马、宴饮游戏,所以此篇大致作于建安十三到十六年之间。"

张乃鉴校注的《刘桢集校注》中的《斗鸡诗》注[1]则认为:此诗"再现了当年魏宫贵族斗鸡为戏"。"由曹植《斗鸡诗》中'主人寂无为,众宾进乐方,长筵坐戏客,斗鸡观闲房'和应玚《斗鸡诗》中'兄弟游戏场,命驾迎众宾'诗句推知,曹魏时宫中亦有斗鸡之戏。桢诗中所言'中唐'、'玉除',亦与宫廷建筑有关。可见,该诗为刘桢在魏宫中观斗鸡而作。"这里屡称"魏宫""曹魏时宫中""宫廷建筑",又把《斗鸡诗》的作年大大推后了。这二说出现在同一本书中,可见校注者的意见也并不统一。今录以备考。

《赠徐幹》作于建安后期。

《王粲传》:"始,文帝为五官将,及平原侯植皆好文学。粲与北海徐幹字伟长、广陵陈琳字孔璋、陈留阮瑀字元瑜、汝南应场字德琏、东平刘桢字公幹,并见友善。幹为司空军谋祭酒掾属、五官将文学。"裴注引《先贤行状》曰:"幹清玄体道,六行修备,聪识洽闻,操翰成章,轻官忽禄,不耽世荣。建安中,太祖特加旌命,以疾休息。后除上艾长,又以疾不行。"这大概是在应曹操征辟为司空军谋祭酒掾属以前的事。佚名的《中论序》说:"会上公(指曹操)拨乱,王路始辟,遂力疾应命,从戎征行,历载五六。疾稍沉笃,不堪王事,潜身穷卷,颐志保真,淡泊无为,惟存正道。环堵之墙,以庇妻子。并日而食,不以为戚。"其退居后的生活,正与曹植《赠徐幹》一诗中所说的"顾念蓬室士,贫贱诚足怜。薇藿弗充虚,皮褐犹不全"的情景同。

考曹操于建安元年拜司空,三年春正月,初置军师祭酒。十三年春,汉罢三公官,置丞相,六月,以操为丞相。则徐幹为司空军谋祭酒掾属之年,当在建安三年至十三年之间,其转五官将文学,当在建安十六年丕为五官将时。则该诗之作,应在徐幹从曹操征战五六年退居之后。故植诗之作,当在建安十六年丕为五官将之后的一段时间里。其年不可确知。诗中又云:"文昌郁云兴,迎风高中天。"文昌殿、迎风观都在邺,则其写作地点应在邺。

三月,操引军还,留夏侯惇、曹仁等屯居巢。

四月,献帝命操设天子旌旗,出入称警跸。(《武帝纪》)

植增邑五千,并前万户。(《陈思王植传》)曹操诸子,于本年改封者有:曹据徙封宛侯;曹宇改封鲁阳侯;曹林徙封谯;曹衮徙封东乡侯,后又改封赞侯；曹峻徙封襄邑；曹干徙封赖亭侯，又改封弘农侯。其新封者有：曹子整封郿侯，曹均封樊侯，曹徽封历城侯，曹茂封万岁亭侯。（《武文世王公传》）

植在此前作有《释思赋》。

赋序曰："家弟出养族父郎中伊，予以兄弟之爱，心有恋然，作此赋以赠之。"其弟何名，序未明言；其族父郎中曹伊，史又未见记载。丁晏《曹集铨评》据《武文世王公传》谓即"郿戴公子整，奉从叔父郎中绍后，建安二十二年封郿侯"。则曹伊即曹绍，《释思赋》所云之家弟即指曹子整。曹子整其人，据《武帝纪》载：建安八年"冬十月，（操）到黎阳，为子整与谭结婚"。九年，"公遗谭书，责以负约，与之绝婚。女还，然后进军"。可见曹子整与袁谭女结婚时，曹植才十二岁，曹子整不可能为植之弟，当为曹植的异母兄；曹伊也不可能是曹绍了，当另有其人，这里只能存疑。

赵幼文《曹植集校注》认为"伊"为发语词，连下读，不作人名，则序的标点作："家弟出养族父郎中，伊予以兄弟之爱，心有恋然。"说亦可通。然则"族父郎中"是谁？"家弟"又何指，还是不知，也只有存疑。《释思赋》的作年，大致在建安时期，确年不可知。

本年夏，曹操遣邯郸淳诣植，为临淄侯文学。或曰为傅，当为误说。

《王粲传》注引《魏略》曰："时五官将博延英儒，亦宿闻淳名，因启淳欲使在文学官属中。会临淄侯植亦求淳，太祖遣淳诣植。植初得淳甚喜，延入坐，不先与谈。时天暑热，植因呼常从取水自澡讫，傅粉。遂科头拍袒，胡舞五椎锻，跳丸击剑，诵俳优小说数千言讫，谓淳曰：'邯郸生何如邪?'于是乃更着衣帻，整仪容，与淳评说混元造化之端，品物区别之意，然后论羲皇以来贤圣名臣烈士优劣之差，次颂古今文章赋诔及当官政事宜所先后，又论用武行兵倚伏之势。乃命厨宰，酒炙交至，坐席默然，无与伉者。及暮，淳归，对其所知叹植之材，谓之'天人'。"这里未云邯郸淳见植之年，只称曹植为临淄侯。又邯郸淳有《答赠诗》(《文选》谢朓《晚登三山还望京邑》善注引作《赠伍处玄》诗)，其首句即曰："我受上命，来随临淄。"又《太平广记》卷二〇九引王僧虔《名书录》曰："陈留邯郸淳为魏临淄侯文学。"二处均称植为临淄侯，则邯郸淳当继郑袤、徐幹后为临淄侯文学。

又邯郸淳《答赠诗》作于黄初元年(220，说见该年)，诗中有云"见养贤侯，于今四祀"。"四祀"即四年，则上推邯郸淳从植之年当为建安二十二年暑天。

又唐张怀瓘《书断》卷中曰："邯郸淳，字子淑，颍川人。志行清洁，才学通敏，初为临淄王傅，累迁给事中。"张彦远《法书要录》卷八记载同。这里"临淄王"当为"临淄侯"之误，考曹植未尝为"临淄王"。说为"临淄王傅"亦不见史载，当是误说。

十月，献帝命曹操冕用十二旒，备天子乘舆。

《武帝纪》建安二十二年："十月，天子命王冕十有二旒，乘金根车，驾六马，设五时副车。"

曹操定丕为太子。(《武帝纪》)

《陈思王植传》："植既以才见异，而丁仪、丁廙、杨修等为之羽翼，太祖狐疑，几为太子者数矣。而植任性而行，不自雕励，饮酒不节。文帝御之以术，矫情自饰，官人左右并为之说，故遂定为嗣。"其争储之详情，参见建安十九年。

曹丕得立太子，抱辛毗颈而喜。既而耽乐田猎，栈潜谏之。

《辛毗传》裴注引《世语》："毗女宪英，适太常泰山羊耽，外孙夏侯湛为其传曰：'宪英聪明有才鉴。初，文帝与陈思王争为太子，既而文帝得立，抱毗颈而喜曰："辛君知我喜不？"毗以告宪英，宪英叹曰'"云云。

《高堂隆传》："初，任诚栈潜，太祖世历县令，尝督守邺城。时文帝为太子，耽乐田猎，晨出夜还。潜谏曰……太子不悦，然自后游出差简。"

植乘车行驰道中，开司马门出。操大怒，公车令坐死。由是重诸侯科禁，而植宠日衰。（《陈思王植传》）

《陈思王植传》注曰："《魏武故事》载令曰：'始者谓子建，儿中最可定大事。'又令曰：'自临淄侯植私出，开司马门至金门，令吾异目视此儿矣。'又令曰：'诸侯长史及帐下吏，知吾出辄将诸侯行意否？从子建私开司马门来，吾都不复信诸侯也。恐吾适出，便复私出，故摄将行。不可恒使吾以谁为心腹也！'"

卢弼《三国志集解》曰："《史记·张释之传》：'太子与梁王共车入朝，不下司马门，于是释之追止太子、梁王，无得入殿门。'如淳曰：'宫卫令：诸出入殿门、公车司马门，乘轺传者，皆下。不如令，罚金四两。'胡三省曰：'汉令乙：骑乘车马行驰道中，已论者没入车马改具。又宫卫令：出入司马者皆下。是司马门犹可得而出入也。若魏制，则司马门惟车驾出乃开耳。'赵一清曰：《水经·

榖水》注：渠水自铜驼街东迳司马门南，自此南直宣阳门，经纬通达，皆列驰道。往来之禁，一同两汉。曹子建尝行御街犯门禁，以此见薄。"

又裴注引《魏武故事》"金门"，卢弼《集解》曰："潘眉曰：'金门疑即金明门。《水经注》：邺城有七门：南曰凤阳门，中曰中阳门，次曰广阳门，东曰建春门，北曰广德门，次曰厩门，西曰金明门，一曰白门。'弼按：'范书《赵孝王良传》，白衣出司马门，坐削中丘县。章怀注：王宫门有兵卫，亦为司马门。'据潘氏所云，似植所开者为邺城之司马门，然据《水经·榖水》注，则为洛城之司马门也。当以郦注为是。"

民按：据曹植本传，植开司马门出在建安二十二年。然考该年，曹操、曹植均未至洛阳。三月，操从濡须口还邺，植亦居邺。前于此，操、植共至洛阳在建安十六年，时洛阳宫室残破。故洛阳之说似不可信，应为传闻之误，其事应发生在邺。邺宫亦有司马门。据《文选·魏都赋》张载注："听政殿前听政门，听政门前升贤门……升贤门前宣明门，宣明门前显阳门，显阳门前有司马门。"同时，邺也有驰道，《魏都赋》说："驰道周屈于果下。"驰道是天子驰走车马的专用御道。《汉书·贾山传》引《至言》曰："（秦）为驰道于天下，东穷燕齐，南极吴楚，江湖之上，濒海之观毕至。"秦筑驰道，或已湮芜。但据《武帝记》载：本年四月，献帝命操设天子旌旗，出入称警跸。这已仪同天子，当亦修筑了驰道。

《资治通鉴》系"临菑侯植乘车行驰道中，开司马门出"事件于丕立为太子后，今从之。由此以往，操出征，常带植，以防类似事件之发生。所以在建安二十三年七月曹操征刘备起，至曹操于建安二十五年正月去世止，曹植都在曹操身旁。这就是曹操在《告诸侯长史及帐下吏令》中说的所以携带诸侯出征的原因。又《后汉书·杨修传》章怀注引《续汉书》曰："人有白修与临菑侯曹植饮，醉，共载，从司马门出，谤讪鄢陵侯彰。太祖闻之，大怒，故遂收修杀之，时年四十五矣。"朱绪曾《曹子建年谱》曰："司马彪《续汉书》谓子建与杨修共出司马门，谤讪鄢陵，愈不足据。彰与子建未尝有隙，又何致以谤彰而杀修乎？"按：朱说是。考杨修被杀于建安二十四年，由关中随操东返途次，既未至洛阳，亦未至邺（说见该年），不得复有与植共载出司马门事。

植妻崔氏违制命衣绣，赐死。

《崔琰传》："植，琰之兄女婿也。"裴注引《世语》曰："植妻衣绣，太祖登台见之，以违制命，还家赐死。"据裴注，赐死之植妻，当为崔琰之兄女。此事《资治通鉴》系于本年，今从之。胡三省注："以违制命罪植妻，则当时盖禁衣锦绣也。"按《卫觊传》："武皇帝之时，后宫食不过一肉，衣不用锦绣，茵褥不缘饰，器物无丹漆。"又《毛玠传》："虽贵宠之臣，舆服不敢过度。"是其证。

《成王汉昭论》作于本年前。

据《太平御览》四百四十七引有曹丕《典论·论周成汉昭》，丁仪亦有《周成汉昭论》，与曹植《成王汉昭论》都是同一母题，应为同时之作。考《典论》一书，于建安二十二年已基本完成。《文帝纪》注引《魏书》曰："帝初在东宫，疫疠大起，时人凋伤，帝深感叹，与素所敬者大理王朗书曰：'生有七尺之形，死唯一棺之土，唯立德扬名，可以不朽。其次莫如著篇籍。疫疠数起，士人凋落。余独何人，能全其寿！故论撰所著《典论》、诗、赋，盖百余篇，集诸儒于肃城门内，讲论大义，侃侃无倦。'"书云"初在东宫"，应指建安二十二年十月，丕初立太子后不久。王朗亦于此前不久继钟繇为大理（繇于建安二十一年八月以大理为相国）。"疫疠大起，时人凋伤"，即指建安二十二年之大疫，正是"徐、陈、应、刘一时俱逝"之年。此时《典论》一书已基本完成。故植之《成王汉昭论》，亦应作于本年前。

植作《宝刀赋》及《宝刀铭》。

《宝刀赋》序曰："建安中，家父魏王乃命有司造宝刀五枚，三年乃就，以龙、虎、熊、马、雀为识。太子得一，余及余弟饶阳侯各得一焉。其余二枚，家王自杖之。"按：曹操有《百辟刀令》，当指此事。其曰："往岁作百辟刀五枚适成，先以一与五官将。其余四，吾诸子中有不好武而好文学，将以次与之。"则知曹丕于五官将时得一，其余"将以次与之"。植序称"太子得一"，知植作赋时丕已为太子。丕于本年得立为太子。序又曰："余及余弟饶阳侯各得一"。饶阳侯指曹林。《武文世王公传》曰："沛穆王林，建安十六年封饶阳侯，二十二年徙封谯。"可知此赋作于本年丕封太子后，林徙封谯前。

张可礼《三曹年谱》系《刀铭》于建安二十一年。其说曰："《王粲集》载王粲《刀铭》曰：'侍中、关内侯臣粲言：奉命作《刀铭》'。粲铭殆与植赋同时作。粲卒于明年正月。又植赋序中称操为魏王，与本年操为魏王事合。操令中称丕为五官将，与本年丕仍为五官将事合。知操令及植赋当作于是年。"其说亦在理。但曹植《宝刀赋》序明言曹丕为太子，曹丕于明年始为太子，而曹操《百辟刀令》也明言"先以一与五官将"，其余四刀"将以次"与诸子。则非同时给了曹植与曹林。那么，给刀的次序应该是建安二十二年正月或正月前，时王粲未死，曹丕为五官将时，曹操给了一把与曹丕，并命王粲作了《刀铭》。及曹丕为太子，又把两把给了曹植与曹林。故植赋序称曹丕为"太子"，并作了《宝刀赋》及《宝刀铭》。与王粲的《刀铭》不是同时之作。

《箜篌引》或作于建安二十二三年。

本诗有"置酒高殿上""中厨办丰膳，烹羊宰肥牛"之描写，当是建安之作。而诗又云"久要不可志，薄终义所尤"，或与丕立为太子，植讽其不可与亲友"薄终"有关。而其"盛时不可再，百年忽我遒"，"先民谁不死，知命复何忧"云云，人生感慨颇深，非建安早期之作可知。这或与王粲、徐幹、陈琳、应玚、刘桢同年去世，其妻又被赐死有关。故本诗大致作于建安二十二年曹丕立为太子后。又植于建安二十三年七月从操征刘备，直至操死归葬，植才回邺。故本诗下限大致是建安二十三年七月前。这只是一个不成熟的推断。

按：对此诗的作年，诸说纷纭，今仅引当代两家之说，以备参考。徐公持《曹植诗歌的写作年代问题》说："《箜篌引》。刘履说'此盖子建既封王之后燕享宾亲而作'，实无根据。朱绪曾驳他说：'子建在文帝时虽膺王爵。四节之会，块然独处，至明帝时始上疏求存问亲戚，恐无燕享宾客事'，很是。此诗当是前期作品。不过朱氏又说'然则此篇作于封平原、临淄侯时也'，这又过于求实了。其实此诗中看不出任何关于封爵的消息。诗中写'中厨办丰膳'、'秦筝何慷慨，齐瑟和且柔'等，都是作者前期生活中普通燕客娱宾情形，犹《娱宾赋》写'办中厨之丰膳'、'作齐郑之妍倡'，《赠丁翼》写'丰膳出中厨'、'秦筝发西气，齐瑟扬东讴'，其作固不必封爵时也。"

赵幼文《曹植集校注·箜篌引》注后引朱绪曾说后加按说："朱说近是，亦有不安者，植封平原、临淄，盖在壮年，正欲建功业，垂声名，意气风发，观与杨修、吴质书可以知之，怎能有'盛时不再，百年我遒'的萧索情绪呢！东阿物产丰饶，而曹叡下令放宽控制诸王的禁令，燕飨亲友，才有可能。况且篇章音节，不似建安时期之高昂慷慨，而显现抑郁低沉了。因此疑作于太和五年上《求通亲亲表》后。"

《辨道论》作于本年至二十四年。

《辨道论》有云："自家王与太子及余兄弟，咸以为调笑，不信之矣。"本年丕为太子，曹操卒于二十五年正月，故知作于是时。

植与韩宣辨难，应于本年或稍后。

《裴潜传》注引《魏略》曰："韩宣，字景然，勃海人也。为人短小。建安中，丞相召署军谋掾，冗散在邺。尝于邺出入宫，于东掖门内与临淄侯植相遇。时天新雨，地有泥潦。宣欲避之，阂潦不得去。乃以扇自障，住于道边。植嫌宣既不去，又不为礼，乃驻车，使其常从问宣何官。宣云：'丞相军谋掾也。'植又问曰：'应得唐突列侯否？'宣曰：'《春秋》之义，王人虽微，列于诸侯之上，未闻宰士而为下士诸侯礼也。'植又曰：'即如所言，为人父吏，见其子应有礼否？'宣又曰：'于礼，臣、子一例也，而宣年又长。'植知其枝柱难穷，乃释去。具为太子言，以为辩。"此事应发生于丕为太子后。

建安二十三年戊戌(218) 二十七岁

正月，汉太医令吉本等攻烧丞相长史督许中军事王必营，必与颍川典农中郎将严匡讨斩之。(《武帝纪》)

《节游赋》或作于本年二月。

赋曰："览宫宇之显丽，实大人之攸居。建三台于前处，飘飞陛以凌虚。"三台指邺中著名的铜雀台、金虎台、冰井台，均由曹操兴建。据《武帝纪》，铜雀台作于建安十五年，金虎台作于建安十八年九月。又据《太平御览》卷一百七十七引《魏志》，冰井台亦作于建安十八年。据《水经·浊漳水》郦注云，"铜雀台高十丈，有屋百一间"；"金虎台高八丈，有屋百九间"；"冰井台亦高八丈，有屋百四十五间"。铜雀台建成于建安十七年春(说见该年)，历时一年有余。则与之相媲美的金虎、冰井二台，于建安二十年春建成亦有可能。赋云"仲春之月"，则赋应作于二月。操卒于建安二十五年正月，二十四年植又从征击刘备，故赋亦不得迟于二十三年。

赵幼文《曹植集校注·节游赋》按曰："考《艺文类聚》卷二十八引杨修《节游赋》，未见王粲、徐幹之作，疑此赋作于诸人逝世之后。就赋中内容考查，正如谢灵运《拟魏太子邺中集诗序》所述：'公子不及世事，但美遨游，然颇有忧生之嗟。'此赋流露着人生不永之悲感，若以《娱宾赋》或《公宴诗》所表达的情绪作比较，很显然此赋具有不同的思想内容。可以说：欢乐之意少而伤感之情多。这或许由死丧之哀而引发。一如曹丕《与大理王朗书》中之所叙。故疑此赋或创制于建安二十二年大疫之后。"其说良是。

按：杨修之《节游赋》，与植赋同作。植赋曰："命友生，携同俦"，其时，陈琳、王粲、徐幹、阮瑀、应场、刘桢等诸子均已去世，故他们的遗作中未辑录到有关《节游赋》的文字，只有杨修还健在，故有《节游赋》的倡和。其赋有云"携手同征，游乎北园"，即植赋所云之"步北园而驰骛"。植赋所云之"仲春之月"，修赋所写亦是仲春之景象。建安二十三年春，植尚在邺，故有此赋之作。

四月，代郡乌丸无臣氏等叛，操遣子鄢陵侯彰击之。（《武帝纪》）

《任城威王彰传》："二十三年，代郡乌丸反，以彰为北中郎将，行骁骑将军。临发，太祖戒彰曰：'居家为父子，受事为君臣，动以王法从事，尔其戒之。'"

曹丕亦以书戒曹彰。

《曹仁传》："鄢陵侯彰北征乌丸，文帝在东宫，为书戒彰曰：'为将奉法，不当如征南邪！'"征南，指征南将军曹仁。据《曹仁传》，仁"为将严整，奉法令"，故丕以仁勉彰。

曹丕中子曹喈于本年三月生，五月亡，植为作《仲雍哀辞》《仲雍诔》。

《哀辞》曰:"曹喈字仲雍,魏太子之中子也。三月而生,五月而亡。"曹喈于史传未见记载。据《武文世王公传》,曹丕生九男,其中八人黄初中均在世,唯李贵人生的曹协早死,太和五年始追封谥为经殇公。此曹协或即为曹喈。

《哀辞》称曹丕为"魏太子"。曹丕于建安二十二年十月始立为太子,至建安二十五年正月嗣位为丞相、魏王。则此《哀辞》应作于二十三四年的五月。又考曹植于建安二十三年七月从曹操征刘备,二十四年未返邺,而曹丕又留守邺。故二十四年的五月曹植于行军途次未必会为其未见面的侄子写哀辞,则此哀辞之作,当在本年五月。《仲雍诔》亦同时作。

六月,操下令于邺都西门豹祠西原上作寿陵。(《武帝纪》)

植作《侍太子坐》。

丁晏系此诗于建安二十二年。考诗云"寒冰辟炎景",二十二年十月丕始立太子,则二十二年不应有"寒冰辟炎景"之句。本年七月,操自将击刘备,曹植从,丕留守邺(说见下),则二十四年至二十五年曹操死前,丕、植兄弟未尝晤面。故《侍太子坐》应作于本年六月。

七月,操自将击刘备。(《武帝纪》)

丕留守邺。

《任城威王彰传》:"二十三年,代郡乌丸反,以彰为北中郎将……鲜卑大人轲比能……请服,北方悉平。时太祖在长安,召彰诣行在所。彰自代过邺,太子谓彰曰"云云。可知丕留守邺。

植从征刘备。

《陈思王植传》注引《魏武故事》，曹操下诸侯长史令曰："诸侯长史及帐下吏，知吾出，辄将诸侯行意否？从子建私开司马门来，吾都不复信诸侯也。"植私开司马门在建安二十二年，本年曹操出征刘备，就携植同行。时丕为太子留守邺。彰为北中郎将征乌丸。证之建安二十四年八月至十月，曹仁为关羽所围，此时操在西征途中，曾遣植救曹仁之围，"呼有所敕戒。植醉不能受命，于是悔而罢之"。（见本传）可知植随行。至建安二十五年正月，操卒于洛阳时，曹彰尝谓曹植曰："先王召我者，欲立汝也。"可知植亦在洛阳。由此知本年植亦从征，随操行止。

九月，操至长安。（《武帝纪》）

曹彰大破乌丸，鲜卑大帅轲比能请服。（《任城威王彰传》《资治通鉴》）

植以彰为原型，作《白马篇》。

本篇古直《曹子建诗笺》谓建安中为张辽作。其说曰："此诗盖为张辽作也。张辽雁门马邑人，雁门属并州，故曰'幽并游侠儿'也。《武帝纪》：'建安十二年，公征三郡乌丸，出卢龙塞，东指柳城，登白狼山，卒与虏遇，纵兵击之。使张辽为先锋，虏众大崩。斩蹋顿及名王已下，胡汉降者二十余万口'，所谓'长驱蹈匈奴'也。子建《求自试表》曰：'臣昔从先武皇帝北出玄塞，伏见所以行军用兵之势，可谓神妙矣。'据此，则子建时亦从军出塞。此篇盖为写实之作矣。"

民按：张辽虽为勇将，雁门马邑人，然考《张辽传》，辽于柳城之役以前的事迹，颇与诗不合，更无"少小去乡邑，扬声沙漠垂"之事。且柳城之战，乃曹操追逐袁尚、袁熙，郭嘉估计乌丸"必不设备"，与诗所云："边城多警急，胡虏数迁移。羽檄从北来"之军情不合。故古直之说不确。愚以为此诗乃以曹彰事迹为素材而写成，并概括有北方抗敌英雄之事迹，如彰非幽并人，而诗开首即云"幽并游侠儿"是也。"少小去乡邑，扬声沙漠垂"，或指彰于建安十二年从征三郡乌桓。是役也，曹丕、曹植均从行。是年曹丕二十一岁，曹植十六岁，彰当在十八九岁上下。据《任城威王彰传》："彰谓左右曰：'丈夫一为卫、霍，将十万骑驰沙漠，驱戎狄，立功建号耳，何能作博士邪？'"故或于是役中曾建立功业，即诗所云"扬声沙漠垂"也。《白马篇》极力写主人公善骑射，《任城威王彰传》亦极力写曹彰"少善射御"，"射胡骑，应弦而倒者前后相属"。又据曹丕《典论·自叙》："或言'闻君善左右射，此实难能'。余言'执事未睹夫项发口纵，俯马蹄而仰月支也'。"曹丕骑射尚如此，彰当更至绝境。故诗云"宿昔秉良弓，楛矢何参差。控弦破左的，右发摧月支。仰手接飞猱，俯身散马蹄"。此乃写其兄弟平时练习骑射之事，故曰"宿昔"。又《任城威王彰传》："膂力过人，手格猛兽，不避险阻。"故诗云"狡捷过猴猿，勇剽若豹螭"也。《武帝纪》建安二十三年"夏四月，代郡、上谷乌丸无臣氐等叛，遣鄢陵侯彰讨破之"。此即诗所云"边城多警急，胡虏数迁移。羽檄从北来，厉马登高堤"也。

又《任城威王彰传》曰："彰北征，入涿郡界，叛胡数千骑卒至。时兵马未集，唯有步卒千人，骑数百匹。用田豫计，固守要隙，虏乃退散。彰追之，身自搏战，射胡骑，应弦而倒者前后相属。战过半日，彰铠中数箭，意气益厉，乘胜逐北，至于桑乾，去代二百余里。长史诸将皆以为新涉远，士马疲顿，又受节度，不得过代，不可深进，违令轻敌。彰曰：'率师而行，唯利所在，何节度乎？胡走未远，追之必破。从令纵敌，非良将也。'遂上马，令军中：'后出者斩。'一日一夜与虏相及，击，大破之，斩首获生以千数。彰乃倍常科大赐将士，将士无不悦喜。时鲜卑大人轲比能将数万骑观望强弱，见彰力战，所向皆破，乃请服。北方悉平。"此即所谓"长驱蹈匈奴，左顾凌鲜卑。弃身锋刃端，性命安可怀。父母且不顾，何言子与妻"也。此诗应作于建安二十三四年。

民按：曹彰在三国时代是一位传奇人物，不仅其父曹操赞其为"黄须儿竟大奇也"，而且在敌人面前也以此自豪。据彰传注引《魏略》曰："太祖在汉中，而刘备栖于山头，使刘封下挑战。太祖骂曰：'卖履舍儿，长使假子拒汝公乎！待呼我黄须来，令击之。'乃召彰。"甚至在笔记小说《拾遗记》中也流传着他的传奇故事。其曰："任城王彰，武帝之子也。少而刚毅，学阴阳纬候之术，诵《六经》、《洪范》之书数千言。武帝谋伐吴、蜀，问彰取便利行师之决。王善左右射，学击剑，百步中髭发。时乐浪献虎，文如锦斑，以铁为槛，枭殷之徒，莫敢轻视。彰曳虎尾以绕臂，虎弭耳无声。莫不服其神勇。时南越献白象子在帝前，彰手顿其鼻，象伏不动。文帝铸万斤钟，置崇华殿，欲徙之，力士百人不能动，彰乃负之而趋。四方闻其神勇，皆寝兵自固。帝曰：'以王之雄武，吞并巴蜀，如鸱衔腐鼠耳！'……国史撰《任城王旧事》三卷，晋初藏于秘阁。"为如此传奇人物作赞歌，亦是意料中事。嗣后见到徐公持《曹植诗歌的写作年代问题》，亦主此诗原型为曹彰，与拙说不谋而合。

繁钦卒。

《王粲传》注引《典略》曰："建安二十三年卒。"

《柳颂并序》作于本年七月前。

序曰："予以闲暇，驾言出游，过友人杨德祖之家。"本年七月杨修从征刘备，次年被杀。故知应作于本年七月前。《柳颂》已佚。《艺文类聚》卷八十九引苏彦《女贞颂》曰："昔东阿王作《杨柳颂》，辞义慷慨，旨在其中。"按：曹丕、陈琳、王粲、应玚均有《柳赋》（应玚赋名《杨柳赋》），乃建安十九年五月为赋曹丕手植之柳树，与植作《柳颂》非一事。

建安二十四年己亥(219)　二十八岁

正月，夏侯渊与刘备战于阳平，为备所杀。

三月，操自长安出斜谷，以临汉中，至阳平，备因险拒守。五月，操引军还长安。（《武帝纪》）

七月，刘备自称汉中王。（《后汉书·献帝纪》）曹操册立夫人卞氏为王后。

《卞后传》："二十四年，拜为王后。"《武帝纪》建安二十四年"七月，以夫人卞氏为王后"。

遣于禁助曹仁击关羽。（《武帝纪》）

八月，关羽获于禁，围曹仁，操使徐晃救之。

九月，魏讽等谋袭邺，事泄，曹丕杀其党羽数十人。（《武帝纪》）

王粲二子坐魏讽反，被诛。

《王粲传》："粲二子为魏讽所引,诛。"裴注引《文章志》曰:"太祖时征汉中,闻粲子死,叹曰:'孤若在,不使仲宣无后。'"

操军还洛阳途中,杀杨修。

《陈思王植传》注引《典略》曰:"二十四年秋,公以修前后漏泄言教,交关诸侯,乃收杀之。修临死谓故人曰:'我固自以死之晚也。'其意以为坐曹植也。修死后百余日而太祖薨。"按:操死于建安二十五年正月庚子(二十三日),杨修应被杀于二十四年九月秋末。是年十月闰,则距操之死达百四五十天。为关中返洛时也。操于十月始至洛阳。卞氏《与杨太尉夫人袁氏书》曰:"明公(指操)性急,忿然在外,辄行军法,卞姓当时亦所不知。"

关于杨修生卒年及死时情况之异说,参见初平三年、建安二十二年本谱所载的有关内容。

又据《太平寰宇记》卷三河南县载:洛阳芒山有杨修冢。

十月,操军还洛阳。(《武帝纪》)

操遣植救曹仁之围,因醉而罢之。

《陈思王植传》:"二十四年,曹仁为关羽所围,太祖以植为南中郎将,行征虏将军,欲遣救仁。呼有所敕戒。植醉不能受命,于是悔而罢之。"裴注引《魏氏春秋》曰:"植将行,太子饮焉,逼而醉之。王召植,植不能受王命,故王怒也。"民按:曹仁被围始于八月,时操在汉中,至十月,操至洛阳。植随操行,而丕则居邺。故操遣植救曹仁之围,丕无从逼醉植,此说乃好事者为之也。

又操遣植解曹仁之围,未知何月。考《蜀志·关羽传》,羽破降于禁,斩庞德,"威震华夏,曹公议徙许都以避其锐"。《资治通鉴》

谓："自许以南,往往遥应羽。"至十月,操赶回洛阳,自洛阳南救曹仁。其情势颇危急。植之被遣,本传记于杨修被诛后,则似应在曹操自将征关羽前。

操自洛阳南征关羽,未至,徐晃击破羽军,羽走,仁围解。(《武帝纪》)

十二月,关羽败死。孙权占有荆州,上书曹操称臣。(《资治通鉴》)

建安二十五年

延康元年

魏文帝曹丕黄初元年庚子(220) 二十九岁

正月,操至洛阳。庚子(二十三日)卒。时年六十六。(《武帝纪》)

《任城威王彰传》:"太祖东还,以彰行越骑将军,留长安。太祖至洛阳,得疾,驿召彰,未至,太祖崩。"

《武帝纪》载遗令曰:"天下尚未安定,未得遵古也。葬毕,皆除服。其将兵屯戍者,皆不得离屯部,有司各率乃职。敛以时服,无藏金玉珍宝。"

晋陆机在《吊魏武帝文》(见《文选》)中记载了他在元康八年(298)见到秘阁档案,其中说曹操死前,"持姬女而指季豹,以示四子曰:'以累汝!'因泣下"。李善注:"盖太祖崩时,四子在侧。史记不言,难以定其名位矣。"按:时曹丕守邺,曹彰于操卒后始至洛阳,曹植随操征讨,应在。余三人不详。

贾逵主丧,军中骚动,青州军离散。

《贾逵传》:"太祖崩洛阳,逵典丧事。"注引《魏略》曰:"时太子在邺，鄢陵侯未到，士民颇苦劳役，又有疾疠，于是军中骚动。群僚恐天下有变，欲不发丧。逵建议为不可秘，乃发哀，令内外皆入临，临讫，各安叙不得动。而青州军擅击鼓相引去。众人以为宜禁止之，不从者讨之。逵以为'方大丧在殡，嗣王未立，宜因而抚之'。乃为作长檄，告所在给其廪食。"

曹彰至洛，欲扶植继位，植不听。

《任城威王彰传》："太祖东还，以彰行越骑将军，留长安。太祖至洛阳，得疾，驿召彰，未至，太祖崩。"注《魏略》曰："彰至，谓临淄侯植曰：'先王召我者，欲立汝也。'植曰：'不可，不见袁氏兄弟乎！'"又《贾逵传》："太祖崩洛阳，逵典丧事。时鄢陵侯彰行越骑将军，从长安来赴，问逵先王玺绶所在。逵正色曰：'太子在邺，国有储副。先王玺绶，非君侯所宜问也。'遂奉梓宫还邺。"

曹丕嗣位为丞相、魏王。尊王后卞氏为王太后。改建安二十五年为延康元年。（《文帝纪》）

《陈矫传》："太祖崩洛阳，群臣拘常，以为太子即位，当须诏命。矫曰：'王薨于外，天下惶惧。太子宜割哀即位，以系远近之望。且又爱子在侧，彼此生变，则社稷危矣。'即具官备礼，一日皆办。明旦，以王后令，策太子即位，大赦荡然。文帝曰：'陈季弼临大节，明略过人，信一时之俊杰也。'"按：陈矫所指之"爱子"，即曹彰与曹植。《任城威王彰传》："太祖喜，持彰须曰：'黄须儿竟大奇也！'"注引《魏略》曰："太祖在汉中，而刘备栖于山头，使刘封下挑战。太祖骂曰：'卖履舍儿，长使假子拒汝公乎！待呼我黄须来，令击之。'"则彰亦曹操之爱子也。

二月丁卯（二十一日），操葬邺之高陵。（《武帝纪》）

植随操灵柩还邺，参加葬仪，作《武帝诔》。

诔曰："既即梓宫，躬御缀衣。玺不存身，唯绂是荷。明器无饰，陶素是嘉。既次西陵，幽闺启路，群臣奉迎，我王安厝。……圣上临穴，哀号靡及。群臣陪临，伫立以泣。"高陵，在邺城西。《元和郡县志》卷十六《相州·邺县》："魏武帝西陵在县西三十里。"

丕诛丁仪、丁廙并其男口。

《陈思王植传》："文帝即王位，诛丁仪、丁廙并其男口。"

《资治通鉴》卷六十九延康元年二月："王弟鄢陵侯彰等皆就国。临淄监国谒者灌均，希指奏'临淄侯植醉酒悖慢，劫胁使者'。王贬植为安乡侯，诛右刺奸掾沛国丁仪及弟黄门侍郎廙并其男口，皆植之党也。"按：《通鉴》谓诛丁仪、丁廙于植贬安乡侯后，未知所据。据《陈思王植传》，黄初二年，植始贬爵安乡侯，今从本传。

《野田黄雀行》或有感于丁仪等被诛而作。

黄节《曹子建诗注》曰："案本传曰：植既以才见异，而丁仪、丁廙、杨修等为之羽翼，太祖于是以罪诛修。文帝即位，诛丁仪、丁廙。"又曰："案《魏略》曰：太子立，欲治丁仪罪，转仪为右刺奸掾，欲仪自裁。而仪不能，乃对中领军夏侯尚叩头求哀，尚为涕泣，而不能救。后遂因职事，收付狱杀之。诗中'篱间雀'疑即指仪，少年疑即指尚。当仪之求哀于尚，而尚涕泣，犹少年之悲雀也。植为此篇，当在收仪付狱之前，深望尚之能救仪，如少年之救雀。姑备吾说，再考之。"其说可参。张可礼《三曹年谱》即以此说系年。

《种葛篇》应是就国前作于邺。

朱绪曾《曹集考异》曰："此亦不得于文帝，借弃妇而寄慨之辞。篇中葛藟、棠棣，皆隐寓兄弟意。"朱说可从。诗云"今为商与参""我独困于今"，应作于争储矛盾斗争已成定局的建安后期。诗又云"出门当何顾，徘徊步北林"。"北林"应在邺。曹丕《善哉行》："朝游高台观，夕宴华池阴……飞鸟翻翔舞，悲鸣集北林。"《艺文类聚》即题作《铜雀园诗》。曹植《离友诗》："日匿影兮天微明，经回路兮造北林。"又《幽思赋》曰："倚高台之曲隅，处幽僻之闲深……观跃鱼于南沼，聆鸣鹤于北林。"均作于邺。故《种葛篇》亦应作于邺。

植与诸侯并就国，植至临淄。

《陈思王植传》："文帝即王位，诛丁仪、丁廙并其男口，植与诸侯并就国。"

《任城威王彰传》："文帝即王位，彰与诸侯就国。"注引《魏略》曰："太子嗣立，既葬，遣彰之国。始彰自以先王见任有功，冀因此遂见授用，而闻当随例，意甚不悦，不待遣而去。时以鄢陵堵薄，使治中牟。"由此知诸侯就国在葬操之后。《资治通鉴》系于本年二月曹操葬高陵后，是。

四月二十八日，植作《请祭先王表》。曹丕用博士鹿优等议，有止诏。

植表上，博士鹿优（一作攸）、韩盖议曰："礼：公子不得称先君，公子之子不得祖诸侯，谓不得庙而祭之也。礼又曰：庶子不得祭宗庙。"（见《太平御览》卷五百二十六）丕即下《止临淄侯植求祭先王诏》。诏曰："得月二十八日表，知侯推情欲祭先王于河上。览省上下，悲伤感切。将欲遣礼以纾侯恭敬之意。会博士鹿优等奏礼如此，故写以下。"由此知植表作于二十八日。又植表曰："夏节方到，臣悲伤有心。念先王公（按指曹嵩）以夏至日终，是以家俗不以夏日祭。至于先王，自可以今辰告祠……计先王崩来，未能半岁。"故知此表作于本年夏至五月初三或初四日之前。

五月戊寅（初三），追尊王祖太尉曹嵩为太王，夫人丁氏为太王后。封王子曹叡为武德侯。（《文帝纪》）

六月辛亥（初七），丕治兵于东郊。庚午（二十六日）南征。七月甲午（二十日），军次于谯。大飨六军及谯父老百姓于邑东。（《文帝纪》）

或谓植作《大飨碑》，似非。

《水经注·阴沟水》："后文帝以延康元年幸谯，大飨父老，立坛于故宅，坛前树碑。碑题云《大飨之碑》。"卢弼《三国志集解·文帝纪》曰："洪适曰：'《大飨之碑》，篆额在亳州谯县。魏文帝延康元年立，相传为梁鹄书碑。字有不明者，唐大中年，亳守李暨再刻，故有文可读。汉献帝建安二十五年，魏王曹操死，其子丕嗣位，改元延康。《魏志》云：丕以七月甲午军次于谯，大飨六军。是时汉鼎犹未移也。丕为人臣而自用正朔，刻之金石，可谓无君之罪人也……'弼案：洪氏所论……谓丕改元延康，为人臣而自用正朔，刻之金石，此语殊误。按范书《献帝纪》，建安二十五年三月，改元延康。是改元延康者，乃汉帝之改元。魏虽建国，仍奉汉朔，并未纪元，何所庸改？宋儒考订之疏如是。严可均曰：'闻人牟准魏敬侯碑阴云：《大飨碑》，卫觊文并书。《天下碑录》引《图经》云：曹子建文，钟繇书。今姑录入《子建集》俟考。'赵一清曰：'《寰宇记》卷十二，《大飨碑》，钟繇篆额，曹子建文，梁鹄书，时人称为三绝。'"

朱绪曾《曹集考异》谓《大飨碑》非曹植作，其说曰："《太平寰宇记》《通志·艺文略》亦以《大飨碑》为子建作。然考《魏志》，建安二十五年正月庚子，魏王崩。二月丁卯，葬高平陵。植与诸侯并就国。十一月魏受禅。《苏则传》：'则及临淄侯植闻魏氏代汉，皆发服悲哭。'是子建不在华歆辈陪位之列。文帝大飨于谯，子建亦无扈从之事。无论子建发服悲哭，与歆淫宴喜情事不合，即子桓忌怒方深，闻子建悲哭，曰：'吾应天受禅，而闻有哭者，何也？'必不以《大飨碑》命其执笔。此碑为卫觊文，非子建作明矣。"按：朱氏以植未扈从于谯立论，颇确。至子建发服悲哭事，乃《大飨碑》立后之事，不足引以为据也。

作《龙见贺表》。

朱绪曾《曹子建年谱》系本表于黄初三年。其说曰："《中山王衮传》：'黄初三年，黄龙见邺西漳水，衮上书赞颂。'又云：'才不及陈思王而好与之侔。'子建表盖同时所上。表中云：'凤凰复见于邺南。'延康元年八月，石邑县言凤凰集，故云'复见'也。"按：朱说尚有可商处，石邑县位于常山郡，远处邺北，不得等同于"邺南"。愚谓《龙见贺表》或作于延康元年。据《宋书·符瑞志中》："汉献帝延康元年八月，石邑县凤凰集。又郡国十三言凤凰见。"又曰："汉献帝延康元年三月，黄龙见谯。又郡国十三言黄龙见。"可见改朝换代之际，献符瑞说者多矣，但记载中尚未涉及邺都。

《文帝纪》裴注引太史丞许芝条魏代汉见谶纬于魏王有云："殿下即位，初践阼，德配天地，行合神明……是以黄龙数见，凤凰仍翔，麒麟皆臻，白虎效仁，前后献见于郊甸。"可见延康元年，所谓黄龙、凤凰等祥瑞屡见于邺都之"郊甸"，这与曹植表中所云"凤凰复见于邺南，黄龙双出于清泉……将栖凤于林囿，豢龙于陂池"之说合。其时丕未代汉称帝，植未发服悲哭之时也。

十月，曹丕代汉称帝，改元黄初元年。（《文帝纪》）

《资治通鉴》："冬十月，乙卯，汉帝告祠高庙……禅位于魏。王三上书辞让，乃为坛于繁阳，辛未，升坛受玺绶，即皇帝位。燎祭天地、岳渎，改元，大赦。"

植闻其兄丕代汉，发服悲哭。

《苏则传》："初，则及临淄侯植闻魏氏代汉，皆发服悲哭，文帝闻植如此，而不闻则也。帝在洛阳，尝从容言曰：'吾应天而禅，而闻有哭者，何也？'则谓为见问，须髯悉张，欲正论以对。侍中傅巽掐则曰：'不谓卿也。'于是乃止。"注引《魏略》曰："初，则在金城，闻汉帝禅位，以为崩也，乃发丧；后闻其在，自以不审，意颇默然。临淄侯植自伤失先帝意，亦怨激而哭。其后文帝出游，追恨临淄，顾谓左右曰：'人心不同，当我登大位之时，天下有哭者。'时从臣知帝此言，有为而发也，而则以为为己，欲下马谢。侍中傅巽目之，乃悟。"按：植怨激而哭，最为近之。

植作《庆文帝受禅表》及《庆受禅上礼表》。

《艺文类聚》卷十三录此二"表"均作"章"。

又作《魏德论》及《魏德论讴》。

《魏德论》曰："迹存乎建安，道隆乎延康。于是汉氏归义，顾音孔昭，显禅天位，希唐效尧。"当作于曹丕代汉之后。《文心雕龙·封禅》篇曰："陈思《魏德》，假论客主。问答迂缓，且已千言。劳深绩寡，飙焰缺焉。"可知《魏德论》乃作主客问答之辞，文有千言。今辑录之文残缺过甚。

其讴严可均《全三国文》辑为《甘露讴》《时雨讴》《嘉禾讴》《木连理讴》《白鹊讴》《白鸠讴》六篇，皆被认为是因魏德而天降的祥瑞。

作《丹霞蔽日行》。

本诗曰："汉祖之兴，阶秦之衰。虽有南面，王道陵夷。炎光再幽，忽灭无遗。"古直《曹子建诗笺》曰："赵岐《孟子题辞》'值炎刘之未奋'。孙疏云：'汉以火德王，故号为炎刘。'按：子建《王仲宣诔》：'会遭阳九，炎光中蒙。世祖拨乱，爰建时雍。'此诗曰'炎光再幽'，明指魏代汉事也。"按：古直说可从，本诗当作于曹丕代汉后。

作《秋胡行》。

《秋胡行》今仅存二句，曰："歌以永言，大魏承天玑。"亦应作于曹丕代汉后。

或作《惟汉行》。

《惟汉行》一诗，众说纷纭。朱绪曾《曹集考异》、古直《曹子建诗笺》均认为于建安中作。《曹子建诗笺》》"在昔怀帝京"作"在昔汉帝京"，故古直曰："汉帝京，谓文景时也。《汉书·景帝纪》赞曰：'孝景遵业，五六十载之间，至于移风易俗，黎民醇厚。周云成康，汉言文景，美矣！'"

黄节《曹子建诗注》曰："郭茂倩《乐府诗集》相和曲，魏武帝《薤露行》曰：'惟汉二十二世，所任诚不良。'子建拟之，作《惟汉行》。"又曰："朱绪曾谓此篇作于建安中，恐非。细绎'在昔怀帝京'之言，则是作于黄初以后。朱氏以篇中不言汉，遂以为帝京指汉，故谓作于汉末耳。篇名惟汉，亦取殷鉴之意。万载驰名，盖以勖在朝济济也。"

赵幼文《曹植集校注》注"行仁章以瑞，变故诫骄盈"句引《宋书·五行志》曰："魏明帝太和初，太史令许芝奏日应蚀，与太尉于灵台祈禳。帝诏曰：'盖闻人主政有不得，则天惧之以灾异，所谴告使得自修也。故日月薄蚀，明治道有不当者。朕即位已来，既不能光明先帝圣德，而施化有不合于皇神，故上天有以寤之。……群公卿士，其各勉修厥职，有可以补朕不逮者，各封上之。'"又按："曹叡因天灾颁布谴责自己的诏令，要求公卿匡正违失。因此激发了曹植立功求名的宿愿，期求获得被任用的机会。黄节《曹子建诗注》谓作于黄初后，似未确。疑作太和元年时。"按：诗中"行仁章以瑞，变故诫骄盈"句当是泛指，不像专指太和初曹叡下诏事。赵说亦不甚确切。今姑置于黄初年，以待再考。

十一月甲午，九尾狐见鄄城。（《宋书·符瑞志中》）。

或谓曹植作《上九尾狐表》。

《上九尾狐表》丁晏《曹集诠评》未收，朱绪曾据《开元占经》收入《曹集考异》卷八中。严可均亦收入《全三国文》中。其表曰："黄初元年十一月二十三日，于鄄城县北，见众狐数十，首在后，大狐在中央，长七八尺，赤紫色，举头树尾，尾甚长大，林列有枝甚多。

然后知九尾狐。斯诚圣王德政和气所应也。"

朱绪曾注:"本传三年立为鄄城王,元年当是三年。"故系于黄初三年。民按:植于黄初二年即至鄄城为鄄城侯,非必三年之鄄城王时也。又据《宋书·符瑞志》:"魏文帝黄初元年十一月甲午,九尾狐见鄄城,又见谯。"据陈垣《二十史朔闰表》,甲午当为十一月二十二日,与《上九尾狐表》所云二十三日相差一日,《宋书》或别有所据。此二处均谓黄初元年,不宜遽改黄初元年为三年。考黄初元年十一月,曹植为临淄侯居临淄,何能于鄄城见九尾狐?故疑其表为他人所作,因曹植曾封鄄城侯、鄄城王,后人遂附会于曹植名下。正如《六代论》为曹冏作,而晋时已误传为曹植所作一样。且此表首见《开元占经》,《开元占经》乃占候之书,其所云亦不足完全信据。

十二月,丕初营洛阳宫。戊午(十七日),如洛阳。(《文帝纪》)

《泰山梁甫行》或作于临淄。

朱绪曾《曹集考异》曰:"朱乾云:'咏齐之风土也。此诗殆作封东阿、鄄城之日乎?'按东阿、鄄城,皆非边海之地。此闵汉末黄巾寇乱,民人流离而作。朱乾所论非也。"

黄节《曹子建诗注》曰:"诸说均未得之。本集《迁都赋序》曰:'余初封平原,转出临淄,中命鄄城,遂徙雍丘,改邑浚仪,而末将适于东阿。号则六易,居实三迁。连遇瘠土,衣食不继。'《赋》曰:'览乾元之兆域兮,本人物乎上世。纷混沌而未分,与禽兽兮无别,㧣蠡蛮而食蔬,摭皮毛以自蔽。'此诗之作,与《迁都赋》同意,所谓'连遇瘠土'也。朱绪曾以边海二字为疑,则失解矣。《尔雅》:九夷八狄,七戎六蛮,谓之四海。疏引孙炎云:海之言晦,晦暗于礼义也。《荀子·王制》篇，杨倞注曰：海谓荒晦绝远之地，不必至海水也。然则此诗言边海，谓边远耳。"

俞绍初《曹植年谱》曰："诗中'边海'，乃东方边远之地。前人常以鲁中一带为海岱。当为东阿之作。"

民按：东阿固可称"边海"，如曹植《与杨德祖书》曰："公幹振藻于海隅。"《文选》李善注："公幹，东平宁阳人也。宁阳边齐，故曰'海隅'。"宁阳位于山东中部，可称"海隅"，则东阿亦可称"海隅"也。然黄节谓《泰山梁甫行》之作，与《迁都赋》"连遇瘠土"同意，则黄氏以"边海民"为植自况，窃不敢从。诗乃直咏边海人民之苦况也。俞绍初从而系于太和三年，证据不足。考曹植《责躬诗》曰："广命懿亲，以藩王国。帝曰尔侯，君兹青土，奄有海滨，方周于鲁。"《文选·责躬诗》李善注："临淄属齐郡，旧青州之境。"临淄"奄有海滨"，乃真边海之地也。诗所云"剧哉边海民"，似应作于临淄。故暂系于此。

又张亚新《〈泰山梁甫行〉应是曹植前期作品》中认为本诗"应是他为临淄侯时的作品"，"曹植一生封地……离齐东滨海地区都较远。唯临淄故城在今山东旧临淄县北，离莱州湾很近，曹植要到海边巡猎、视察十分方便"。但应写于前期，因后期"曹丕对待诸侯苛薄寡情，限制极严。《武文世王公传》裴注引《袁子》曰：'……县隔千里之外，无朝聘之仪，邻国无会同之制。诸侯游猎不得过三十里，又为设防辅监国之官以伺察之。王侯皆思为布衣而不能得。'临淄离莱州湾虽近，但也大大超过了三十里，在监国谒者严密的监视下，曹植是很难启行的。……在这种恶劣的气氛中，曹植不惜违禁

到海边巡游，实在是难以想象的事"。按曹植于曹操在世时实未尝
就国居临淄，从本谱所记行止中可见，故前说不确。至谓"诸侯游
猎不得过三十里"，植难至海边，这又过于拘泥。诗曰"边海民"，
不必实指莱州湾的海边民，临淄也是"边海"之地。

徐公持另有一说，他在《曹植诗歌的写作年代问题》一文中把此
诗的作年上推至建安十二年。他说："笔者认为，这首诗的写作年
代问题是可以得到切实解决的。首先要把'边海'即海边肯定下来。
检曹植集中，使用'边海'非止一处，《辨道论》中即有'求安期于边
海'句。'安期'即安期生，为传说中海上神仙，所以'边海'二字在
曹植笔下，实不容作别解，此诗为曹植亲至海边时所作无疑。其次
就要找出曹植亲临海边的时间。按曹植后期常在封地，如前所述，
其地去海甚远；若再考虑到当时曹植并无行动自由，有监国使者严
厉督责，就更不能设想他可以出千里而远适海隅。因此，在曹丕受
禅后的曹植全部后期生活内（共十二年），他是没有作这首诗的可能
性的，这种可能性只可到他的前期生活中去找。"于是，徐氏从曹植
前期生活中找到了建安十二年北征三郡乌桓时曹植曾至海滨，而
"《泰山梁甫行》竟是北征三郡乌桓时作的了"。按：徐氏之说可成一
家之言。然本诗写来颇苍凉，不似出自少不更事的十六岁（又是虚
岁）少年之手，故未能剧作定论。本年曹植就国临淄，年已二十有
九，颇经沧桑，故暂系于此。

或作《盘石篇》。

本诗作年，有古直、黄节二说。古直《曹子建诗笺》注说："《魏
志·武帝纪》：'建安十一年秋八月，公东征海贼管承，至淳于。遣

乐进、李典击破之。承走入海岛。'本传《求自试表》曰：'臣昔从先武皇帝南极赤岸，东临沧海。'此篇盖从征管承时作也。"

黄节《曹子建诗注》《盘石篇》"淮东"条注曰："子建于黄初四年徙封雍丘，雍丘即今之杞县，河水东南行即淮泗。此诗似当作淮。"

按：本诗"何为客海东"句，一作"何为客淮东"。古直、黄节各据异文立说。古直据"海东"立说，找到了建安十一年征管承之时。时植方十五岁，随父出征，又当少年气盛，不至有诗中漂泊之感。其说不可从。况且，曹植在建安十二年时，曾从征三郡乌丸，经沧海，其父曹操有《碣石篇》"东临碣石，以观沧海"可证。则曹植东至沧海，非仅从征管承一次。

黄节据"淮东"立说，云"雍丘即今之杞县"。杞县在今河南省中部偏东，与发源于河南南部桐柏山，东流经河南南部，入安徽境的淮河相距辽远，了不相属，且杞县与下文所写之滨海景象不符，故亦不足信据。

愚按：此诗或植就国至临淄而作。因初离邺都，故有"我本泰山人，何为客海东"之叹。若几经迁徙之后，则作"流转无恒处，谁知吾苦艰(《吁嗟篇》)"了。又因临淄傍海，触景生情，因而成咏，也是很自然的。诗末也就有了"仰天长叹息，思想怀故邦。乘桴何所志，吁嗟我孔公"的拳拳故邦之思了。故暂系于本年。

本年，吴质为北中郎将。

《王粲传》注："及魏有天下，文帝征质，与车驾会洛阳。到，拜北中郎将，使持节督幽并诸军事，治信都。"

邯郸淳见召，离植。同僚伍处玄赠诗饯别，淳有答赠诗。淳至洛，为博士给事中。

邯郸淳《答赠诗》见《艺文类聚》卷三十一。据《文选》卷二十七谢
朓《晚登三山还望京邑》诗注引作"邯郸湛《赠伍处玄》诗"，可知此诗
为答伍处玄的赠诗，"湛"当为"淳"。伍处玄为曹植僚属，事迹不
详。诗中有曰："圣主受命，千载一遇。"当指曹丕代汉立为魏帝事。
时邯郸淳当已随曹植至临淄，故诗中有"见召本朝，驾言趣期""饯
我路隅""别易会难"之语。

又《王粲传》注引《魏略》曰："及黄初初，以淳为博士给事中。
淳作《投壶赋》千余言奏之，文帝以为工，赐帛千匹。"（《太平御览》
引作"十匹"，当据正。）

仲长统卒。

《刘劭传》："（繆）袭友人山阳仲长统，汉末为尚书郎，早卒。
著《昌言》，词佳可省。"注引袭撰统《昌言》表，谓统"延康元年卒，
时年四十余"。《后汉书·仲长统传》："献帝逊位之岁，统卒，时年
四十一。"

黄初二年辛丑（221）　三十岁

正月，封议郎孔羡为宗圣侯，奉祀孔子。令鲁郡修起旧庙，又于其
外广为室屋，以居学者。（《文帝纪》）

植作《孔子庙碑》。

卢弼《三国志集解·文帝纪》集解曰："《隶释》载魏修《孔子庙
碑》文云……洪适曰：'右鲁孔子庙之碑，篆额嘉祐中郡守张稚圭按

《图经》题曰魏陈思王曹植词，梁鹄书。《碑》云元年而史作二年，误也。'……朱彝尊曰：'洪氏以碑文作元年而《魏志》作二年，谓误在史。考魏王受禅在汉延康元年十一月，既升坛即祚事讫，改延康为黄初，而碑辞叙黄初元年，大魏受命，应历数以改物，秩群祀于无文，既乃缉熙圣绪，绍显上世，制诏三公云云，原受禅之始，岁且将终，碑有既乃之文，则下诏在明年二月，史未必误。'"按：此文丁晏系于黄初元年，朱绪曾系于黄初二年。上引朱彝尊辨之甚明。今从之。

作《学宫颂》。

张可礼《三曹年谱》系于黄初二年《孔子庙颂》（即《孔子庙碑》）后。其说曰："颂曰：'自五帝典绝，三王礼废，应期命世，齐贤等圣者，莫高于孔子者也……于铄尼父，生民之杰，性与天成，该圣备艺。'所写与《孔子庙颂》内容相近，殆为同时之作。"今从之。

赵幼文《曹植集校注》题作《学官颂》，其注后说："此颂残佚。疑作于建安中期。考《高柔传》：'太祖初兴，愍其如此，在于拨乱之际，并使郡县立教学之官。'则植此颂，盖写于此时。无以确定其年代。"录以备考。

植由临淄侯贬爵安乡侯。

《陈思王植传》曰："黄初二年，监国谒者灌均希指，奏植'醉酒悖慢，劫胁使者'。"有司请治罪，帝以太后故，贬爵安乡侯。裴注："《魏书》载诏曰：'植，朕之同母弟。朕于天下无所不容，而况植乎？骨肉之亲，舍而不诛，其改封植。'"植于黄初元年就国至临淄。本年因灌均奏植"醉酒悖慢，劫胁使者"，文帝下议其罪，"博士等议：可削爵土，免为庶人"。（《文选·责躬诗》李善注引《植集》）文帝因太后故，未从众议，贬爵安乡侯，于延津受安乡侯印绶。

《卞后传》注引《魏书》曰："东阿王植，太后少子，最爱之。后植犯法，为有司所奏，文帝令太后弟子奉车都尉兰持公卿议白太后，太后曰：'不意此儿所作如是，汝还语帝，不可以我故坏国法。'及自见帝，不以为言。"

又《周宣传》："帝复问曰：'吾梦摩钱文，欲令灭而更愈明，此何谓邪？'宣怅然不对。帝重问之，宣对曰：'此自陛下家事，虽意欲尔而太后不听，是以文欲灭而明耳。'时帝欲治弟植之罪，逼于太后，但加贬爵。"

作《谢初封安乡侯表》。

《表》曰："臣抱罪即道，忧惶恐怖，不知刑罪当所限齐。陛下哀愍臣身，不听有司所执，待之过厚，即日于延津受安乡侯印绶。"

徐公持《曹植生平八考》曰："安乡侯是怎样的侯的问题……朱谱则于'贬爵安乡侯'句下云：'《汉书·地理志》：巨鹿郡安乡侯国。'又于《责躬诗》注文中云：'安乡侯国属巨鹿郡。'……按西汉时城置安乡县，然至东汉，县已无，故《后汉书·郡国志》中即不著其名。魏承东汉，县亦无之。故郝经《续后汉书·疆域志》、洪亮吉《补三国疆域志》等皆未著其名。既然魏时无安乡县之设，那么以'安乡侯'为巨鹿郡下一县之侯国的说法就不能成立。……曹植所封的安乡，既然不是县名，它就一定是个乡名了。……正因如此，陈寿在叙述曹植由临淄侯转安乡侯时用了'贬爵'一语。这二字下得极确，道破了曹植是在爵位上降了一等，由县侯降为乡侯。"

《乐府歌》"胶漆至坚"或为贬爵安乡侯而作。

灌均奏植"醉酒悖慢，劫胁使者"，"有司请治罪"。曹丕下诏曰："骨肉之亲，舍而不诛，其改封植。"此即诗所云"胶漆至坚，浸之则离"，"君不我弃，谗人所为"。

虽封安乡侯，仍徙居京师，待罪南宫。

曹植《责躬诗》曰："股肱弗置，有君无臣。荒淫之阙，谁弼余身。茕茕仆夫，于彼冀方。"《文选》李善注："《植集》曰：诏云，'知到延津，遂复来。'《求出猎表》曰：'臣自招罪衅，徙居京师，待罪南宫。'然植虽封安乡侯，犹住冀州也。时魏都邺，邺，冀州之境也。一云时魏以洛为京师，比尧之冀方也。"

按：《责躬诗》"股肱弗置"几句，在"改封兖邑"之后。兖邑指鄄城，则其事应在封鄄城侯之后，为王机等所诬，而迁于"冀方"也。李善注将其与贬爵安乡侯混而为一。然其注引诏"知到延津，遂复来"等句，从中可知植于延津受安乡侯印后仍命赴洛阳也。朱绪曾《曹集考异》曰："虽至延津，受安乡侯印绶。诏云'知到延津，遂复来'者，仍使来京师。于是徒跣诣阙下，羁留南宫。"

作《求出猎表》。

《艺文类聚》卷九十五"鹿"引曹植《猎表》曰："于七月伏鹿鸣麂，四月五月射雉之际，此正乐猎之时。"又《文选·责躬诗》李注引："《求出猎表》曰：'臣自招罪衅，徙居京师。'"当为同一表的残文，可知此表作于此时。

作《乞田表》。

徐公持《曹植生平八考》曰："表中自称'臣'，当然是黄初、太和中语气。又自乞田事可以判明，其时曹植不在封邑，而在皇都。因若在封地，则田亩自有，毋须乞之。从乞田事还可推知，其时曹植是在皇都长期居住。因力田稼圃，非朝夕旬日之功，若无三四个月以上时间，不可能有乞田躬耕事发生。而曹植于黄初、太和中虽曾多次到皇都，或待罪，或朝会，可是历时长达三四个月者，唯贬爵安乡侯时一次，其余各次最多不超过两个月。因此可以认为，此表的写作时间就在这次贬爵之际。从表中乞城内及城边田的叙述来看，正符合洛阳当时的实际情况。洛阳旧都，城址广大，而所受兵燹之灾最称严重，所以城内城边荒废有田。傅玄于《傅子·马先生传》中曾说及魏明帝时洛阳'城内有地，可以为园'。既然明帝曹叡大营宫室后洛阳城内尚'有地''为园'，那么黄初二年时的'好田'当为数很多。"今从其说。

四月，刘备称帝于成都，改元章武，是为汉昭烈皇帝。(《先主传》)

六月丁卯(二十八日)，曹丕夫人甄氏卒。((《文帝纪》)

《甄后传》："帝践阼。践阼之后，山阳公奉二女以嫔于魏，郭后、李、阴贵人并爱幸，后愈失意，有怨言。帝大怒，二年六月，遣使赐死，葬于邺。"

七月，刘备自将攻孙权，权遣陆逊等拒之。(《资治通鉴》)

植兄弟曹彰等九人进爵为公，植由安乡侯改封鄄城侯。

《陈思王植传》："黄初二年……贬爵安乡侯。其年改封鄄城侯。"

《资治通鉴》系此事于七月。其曰："皇帝鄢陵侯彰、宛侯据、鲁阳侯宇、谯侯林、赞侯衮、襄邑侯峻、弘农侯幹、寿春侯彪、历城侯徽、平舆侯茂皆进爵为公；安乡侯植改封甄城侯。"胡三省注："植以见忌贬侯，今乃改封县侯。甄城属东郡，蜀本作'鄄城'，当从之。"又据《武文世王公传》："乐陵王茂……二十三年改封平舆侯。黄初三年进爵，徙封乘氏公。"若《武文世王公传》不误，则黄初二年进爵为公者，当有九人。

植就国至鄄城，又为王机等所诬，迁居邺。不久就回鄄城。

曹植《黄初六年令》曰："吾昔以信人之心，无忌于左右，深为东郡太守王机、防辅吏仓辑等枉所诬白，获罪圣朝。身轻于鸿毛，而谤重于太山。赖蒙帝王天地之仁，违百师之典议，舍三千之首戾，反我旧居，袭我初服，云雨之施，焉有量哉。反旋在国，捷门退扫，形景相守，出入二载。机等吹毛求瑕，千端万绪，然终无可言者。及到雍，又为监官所举。"

按：鄄城东汉时为济阴郡，见《续汉志》。魏时移属东郡，见《文选·责躬诗》"改封兖邑"李注："黄初二年，改封鄄城，属东郡，旧兖州之境。"从东郡太守王机诬植，可见植已赴鄄城。获罪后"反我旧居，袭我初服"，其旧居指何地，当结合《责躬诗》看，应是"冀方"。该诗曰："改封兖邑，于河之滨。股肱弗置，有君无臣。荒淫之阙，谁弼余身。茕茕仆夫，于彼冀方。嗟予小子，乃罹斯殃。"这"冀方"在何地？李善注："时魏都邺，邺，冀州之境也。一云，时魏以洛为京师，比尧之冀方也。"李善未作确指。黄节《曹子建诗注》曰："诗言冀方，谓邺也"，"子建于改封鄄城侯后，为王机仓辑所诬，文帝迁子建于邺，以禁锢之。旋诏还鄄城，晋加王爵"。

按：《责躬诗》作于洛阳，诗曰"于彼冀方"，用"彼"字，则非指洛阳明矣。其地应指邺。所谓"旧居",也就指邺都的旧居了。

又,植于黄初四年徙封雍丘王,从《令》所称"反旋在国……出入二载。机等吹毛求瑕,千端万绪,然终无可言者"看,则植亦应于黄初二年返回鄄城,才能与黄初四年徙封雍时"出入二载"相符合。故其废居邺的时间当不长,应即于本年旋返鄄城了。

修愁台。

《太平御览》卷一百七十八引《郡国志》曰:"濮州羊角城:陈思王愁台,基甚高。"《太平寰宇记》卷十四鄄城县:"陈思王台在县西二里,曹植为鄄城侯,因筑台于此。"

《九愁赋》作于黄初中被谗遭贬时。

赋借屈原放逐事,以寓自身之被贬。"恨时王之谬听,受奸枉之虚辞。""时王"借指曹丕,"奸枉之虚辞"借指灌均、王机、仓辑辈。"履先王之正路","先王"代指其父曹操。故推知此赋作于黄初中。

八月,孙权称臣于魏,魏封其为吴王。

十二月,文帝曹丕离洛阳东巡。(《文帝纪》)

黄初三年壬寅(222)　三十一岁

正月庚午(初五),丕至许昌宫。诏郡国取士不再限年龄。(《文帝纪》)

三月乙丑(初一),立皇子齐公曹叡为平原王,帝弟鄢陵公彰等十一人皆为王。初制封王之庶子为乡公,嗣王之庶子为亭侯,公之庶子为亭

伯。(《文帝纪》)

　　钱大昕《廿二史考异》曰："今以诸王传考之，是年以皇帝封王者，任城王彰、章陵王据、下邳王宇、谯王林、北海王衮、陈留王峻、河间王幹、弋阳王彪、庐江王徽，凡九人。《纪》云十一人，似误也。"按：《通鉴》删去了"十一人"字样，改作"皇弟鄢陵公彰等皆进爵为王。"

甲戌(初十)，丕立皇子霖为河东王。甲午(三十日)，丕至襄邑。(《文帝纪》)

四月戊申(十四日)，立鄄城侯植为鄄城王。(《文帝纪》)

　　《陈思王植传》："三年，立为鄄城王，邑二千五百户。"

　　《资治通鉴》文帝黄初三年："夏四月，戊申，立鄄城侯植为鄄城王。是时，诸侯王皆寄地空名而无其实；王国各有老兵百余人以为守卫，隔绝千里之外，不听朝聘，为设防辅监国之官以伺察之；虽有王侯之号而侪于匹夫，皆思为布衣而不能得。法既峻切，诸侯王过恶日闻。"

作《封鄄城王谢表》。

诏封植二子苗、志为乡公，植作《封二子为公谢恩章》。

　　其章曰："诏书封臣息男苗为高阳乡公，志为穆乡公。臣伏自惟，文无升堂庙胜之功，武无摧锋接刃之效。天时运幸，得生贵门。遇以亲戚，少荷光宠。窃位列侯，荣曜当世。"按：本年三月，初制封王之庶子为乡公。曹植于四月戊申，始由鄄城侯为鄄城王。其二子之封乡公，当即在此时。

又《陈思王植传》曰："子志嗣，徙封济北王。……志累增邑，并前九百九十户。"志《晋书》有传。

曹苗不见史传记载。

毁汉武帝故殿，作《毁鄄城故殿令》。

令曰："鄄城有故殿，名汉武帝殿。昔武帝好游行，或所幸处也。梁桷倾顿，栋宇零落。修之不成良宅，置之终于毁坏，故颇撤取，以备宫舍。"植封王修殿舍，令应作于此时。

作《写灌均上事令》。

令曰："孤前令写灌均所上孤章，三台九府所奏事，及诏书一通，置之坐隅。孤欲朝夕讽咏，以自警诫也。"此令中自称"孤"，应在封王之后。《责躬诗表》写此时的心情是："臣自抱衅归藩，刻肌刻骨，追思罪戾。昼分而食，夜分而寝。诚以天网不可重罹，圣恩难可再恃。"正是《写灌均上事令》之心境，故系于此。

三月癸亥(二十九日)曹丕还许昌宫。

闰六月，孙权大破刘备于夷陵。(《文帝纪》)

九月甲午(初三)曹丕诏令后郡臣不得奏事太后，后族之家不得当辅政之任，又不得横受茅土之爵。庚子(初九)，曹丕立郭贵嫔为后。(《文帝纪》)

《郭后传》曰："文帝定为嗣，后有谋焉。太子即王位，后为夫人。及践阼，为贵嫔。甄后之死，由后之宠也。"

冬十月，表首阳山东为寿陵。作终制。

《文帝纪》终制曰："寿陵因山为体，无为封树，无立寝殿，造园邑，通神道。"

是月，孙权复叛。丕自许昌南征，诸军兵并进，权临江拒守。（《文帝纪》）

作《招降江东表》。

表或作《请招降江东表》，也有作《自试表》。作《自试表》者误，因表中无求自试之意。

俞绍初《曹植年谱》曰："表云'窃位藩王，尸禄东夏'。按子建于是年为鄄城王，而鄄城属东郡，故有'藩王''东夏'之语。表又云：'若陛下遣明哲之使，继能陆贾之踪者，使之江南，发恺悌之诏，张日月之信，开以降路，权必奉承圣化，斯不疑也。'考《通鉴》，是年丕欲遣使往吴结盟，并责任子，孙权不受，丕怒。九月两军对垒已成。则知表作于是年九月前。"

《鞞舞歌》五首，作于黄初三年至七年间。

《鞞舞歌》五首，包括《圣皇篇》《灵芝篇》《大魏篇》《精微篇》和《孟冬篇》，合称《鞞舞歌》，为宴享之乐。

其《序》曰："汉灵帝西园鼓吹有李坚者，能鞞舞，遭乱西随段煨。先帝闻其旧有技，召之。坚既中废，兼古曲多谬误，异代之文，未必相袭，故依前曲，改作新歌五篇。不敢充之黄门，近以成下国之陋乐焉。"由此知五篇应为同时之作。

朱绪曾《曹集考异》曰："《鞞舞歌》五首，乃一时之作。云'陛下三万岁，慈母亦复然'，指文帝、卞太后，非明帝时。"按《精微篇》曰："黄初发和气，明堂德教施。"明言黄初时也。又《圣皇篇》曰："诸王当就国，玺绶何累缲。""诸王自计念，无功荷厚德。"按：当曹丕嗣为魏王，植与诸侯就国时，诸侯未有王爵之封。此云"诸王当就国"者，知诸侯已封为王也。据《魏书》，黄初三年，始立帝弟鄢陵公彰等皆为王。故此五篇作于黄初三年诸侯进爵为王之后。黄初凡七年，故最晚不得过黄初七年。

黄初四年癸卯（223） 三十二岁

三月丙申（初八），曹丕自宛还洛阳。（《文帝纪》）

四月，蜀帝刘备死。五月，子刘禅嗣位。（《先主传》《后主传》）

植与白马王曹彪、任城王曹彰俱朝京师，会节气。

曹植《赠白马王彪》序曰："黄初四年五月，白马王、任城王与余俱朝京师，会节气，到洛阳。"按："五月"有作"正月"者。正月丕尚在宛，至三月始回洛阳，则以五月为是。

植进《谢入觐表》。

表云："不世之命，非所致思，有若披浮云而睹白日，出幽谷而登乔木。"按：《武文世王公传》陈寿评曰："魏氏王公……同于囹圄。"裴注引《袁子》曰："虽有王侯之号，而乃侪为匹夫。悬隔千里之外，无朝聘之仪。"而这次曹丕让赴京会节气，故云"不世之命，非所致思"。

植至洛阳，僻处西馆，上《上责躬应诏诗表》。

丕嘉其辞义，优诏答勉之。

《陈思王植传》："四年，徙封雍丘王。其年，朝京都。上疏曰：'臣自抱衅归藩，刻肌刻骨，追思罪戾……自分黄耇无复执珪之望。'不图圣诏猥垂齿召，至止之日，驰心辇毂。僻处西馆，未奉阙廷，踊跃之怀，瞻望反仄。谨拜表献诗二篇。"其所献诗即《责躬诗》与《应诏诗》。《责躬诗》多自谴自责；《应诏诗》多写应诏入京路途见闻，并求朝见的渴望之情。

本传又曰："帝嘉其辞义，优诏答勉之。"其诏见《文选·魏都赋》注引文帝答曹植诏曰："所献诗二篇，微显成章，此犹机事之先见者也。"

《文帝纪》云：黄初三年十一月，行幸宛。四年三月丙申，行自宛，还洛阳宫。六月，任城王薨于京师。本传黄初四年云：徙封雍丘王，其年朝京师。今观《责躬诗》，但云"王爵是加"，而未及徙封。盖以鄄城王应诏，至秋归鄄城后，始有徙封之事也。朱绪曾《曹集考异》曰："《赠白马王彪》诗云：黄初四年正月，白马王、任城王与余俱朝京师，会节气。到洛阳，任城薨。至七月，与白马王还国。"据此，则徙封在七月后无疑矣！按：朝京师应于黄初四年五月为是，说见上。朱氏以先朝京师再徙封雍丘王为序，其说可从。

又《陈思王植传》注引《魏略》曰："初，植未到关，自念有过，宜当谢帝。乃留其从官著关东，单将两三人微行，入见清河长公主，欲因主谢。而关吏以闻，帝使人逆之，不得见。太后以为自杀也，对帝泣。会植科头负𫓧锧，徒跣诣阙下，帝及太后乃喜。及见之，帝犹严颜色，不与语，又不使冠履。植伏地泣涕，太后为不乐。诏乃听复王服。"按：朱绪曾《曹子建年谱》系此事于黄初二年，然黄初二年植未有王爵之封，不得言"听复王服"，故应从《三国志》裴注引于黄初四年下。

六月甲戌（十七日），任城王曹彰卒于洛阳。植有《任城王诔》。

《文帝纪》:"六月甲戌,任城王彰薨于京都。"《任城威王彰传》:"四年朝京都,疾薨于邸。"裴注引《魏氏春秋》曰:"初,彰问玺绶,将有异志,故来朝不即得见,彰忿怒暴薨。"

又《世说新语·尤悔》曰:"魏文帝忌弟任城王骁壮,因在卞太后阁共围棋并啖枣。文帝以毒置诸枣蒂中,自选可食者而进,王弗悟,遂杂进之。既中毒,太后索水救之。帝预敕左右毁瓶罐。太后徒跣趋井,无以汲。须臾遂卒。复欲害东阿。太后曰:'汝已杀我任城,不得复杀我东阿。'"

按:曹彰之死,《魏氏春秋》谓"忿怒暴薨",颇语焉不详,启人疑窦。考曹丕初颇笼络曹彰,曾诫其见父操时,"宜勿自伐,应对常若不足者"。又据《魏略》载,彰就国时,"以鄢陵崤薄,使治中牟"。然彰心向弟植或自有异志,在朝京师时,"不即得见""忿怒暴薨"。是否为丕所害,乃成一桩疑案。若据《魏氏春秋》之说,则丕、彰无共进食之可能。若据《世说新语》,则曹丕毁瓶罐,太后徒跣趋井等事,更近小说家言,恐无是理,亦不可信据,今录以备考。

七月,植返鄄城,途经洛川,作《洛神赋》。

《洛神赋》序曰:"黄初三年,余朝京师,还济洛川。古人有言,斯水之神,名曰宓妃。感宋玉对楚王说神女之事,遂作斯赋。"《文选·洛神赋》李善注曰:"《魏志》及诸诗序并云四年朝,此云三年,误。"

按:《洛神赋》系年,丁晏《陈思王年谱》、朱绪曾《曹子建年谱》、俞绍初《曹植年谱》、张可礼《三曹年谱》并系于黄初三年。唯赵幼文《曹植年表》从李善说,系于黄初四年。

朱绪曾曰："《洛神赋》云：'黄初三年，余朝京师。'何义门曰：朝京师实在四年，而赋云三年，盖子建不忘汉之心，不忍以献帝之延康为黄初元年也。然子建三年四年俱朝京师，是时文帝猜忌方深，朝不即见，故四年复朝。《洛神赋》作于三年，《赠白马王》作于四年。《宋书·礼志》云：魏黄初三年，始奉玺朝会。盖禅位后，是年始可行元会之礼。子建不应不至。来朝不得见，故史阙书也。"

按：据《文帝传》，曹丕于黄初二年十二月东巡，三年正月庚午（初五），至许昌宫。三月甲午（三十日），至襄邑。四月癸亥（二十九日），还许昌宫。十月，自许昌南征。十一月辛丑（十一日）至宛。四年三月丙申（初八），始自宛还洛阳宫。是则黄初三年之元会，丕不在京都洛阳。则《洛神赋》序所云之"黄初三年，余朝京师"之"三年"，应从李善说为"四年"之误。又朱绪曾引《宋书·礼志》说，黄初三年，始奉玺朝会，是年始可行元会之礼。但在黄初四年五月的《赠白马王彪》序中，曹植明言"白马王、任城王与余俱朝京师"是"会节气"，"会节气"是指每年立春、立夏、立秋、立冬四节之前，举行迎气典礼，诸侯于此时至京师，参加朝会，称之"会节气"，与"元会"的朝见不是同一回事。

主张《洛神赋》作于黄初三年说者还有一个根据，即隋开皇十三年（593）的《陈思王庙碑》（见严可均《全上古三代秦汉三国六朝文》的《全隋文》卷二十九）。其中有云："黄初二年，奸臣谤奏，遂贬爵为安乡侯。三年立为王，□京师，面陈滥谤之罪，诏令复国。"则似曹植在黄初三年立王以后，又遭谗失国，诣京师面陈，辨明冤屈，始得"诏令复国"。若如此，当为曹植生平中的大事，可今存史料中并无提及，这是极为可疑的。细读碑文，其所记曹植生平甚多错误。其云："黄初二年……贬爵安乡侯。三年进立为王。……四年改封东阿王。五年……复封为陈王。"其实，改封东阿王、陈王，乃是明帝太和年事，非黄初四年、五年也。又据《陈思王植传》，太和三年，植徙封东阿，六年二月封为陈王。则此庙碑系年多误，不足信据。故其三年诣京师辨诬说亦是想象之辞，不可以之立论。

关于《洛神赋》还有一个流传很广的传说，也在这里介绍一下。《文选》李善注《洛神赋》曰："《记》曰：魏东阿王，汉末求甄逸女，既不遂，太祖回与五官中郎将。植殊不平，昼思夜想，废寝与食，黄初中入朝，帝示植甄后玉镂金带枕。植见之，不觉泣。时已为郭后谗死，帝意亦寻悟，因令太子留宴饮，仍以枕赍植。植还，度辕辕，少许时，将息洛水上，思甄后。忽见女来，自云：我本托心君王，其心不遂。此枕是我在家时从嫁，前与五官中郎将，今与君王，遂用荐枕席。欢情交集，岂常辞能具。我为郭后以糠塞口，今被发，羞将此形貌重睹君王尔。言讫，遂不复见所在。遣人献珠于王。王答以玉珮。悲喜不能自胜，遂作《感甄赋》。后明帝见之，改为《洛神赋》。"

胡克家《文选考异》曰："注'记曰'下至'改为洛神赋'，此二百七字袁本、茶陵本无。按：二本是也。此因世传小说有《感甄记》，或以载于简中，而尤延之误取之耳。何尝驳此说之妄。今据袁、茶陵本考之，盖非善注。"

按：何"驳此说之妄"，见何焯《义门读书记》卷四十五。其曰："《魏志》，后三岁失父，后袁绍纳为中子熙妻。曹操平冀州，丕纳之于邺，安有子建尝求为妻之事。小说家不过因赋中'愿诚素之先达'二句而附会之。"又曰："示枕贵枕，里巷之所不为；况帝又方猜忌诸弟，留宴从容，正不可得，感甄名赋，其为不恭，夫岂特酗酒悖慢、劫胁使者之可比耶！"

朱绪曾《曹集考异》曰："感甄非特伦理之所无，即谓子建欲娶甄氏，亦时年之迥别。考《魏志·文昭甄皇后传》裴松之注引《魏书》曰，甄后以光和五年十二月丁酉生，至建安九年魏武取邺，年二十三岁。文帝生中平四年，是时年十八，少后五岁，悦其貌而纳之。若子建初平三年生，是年甫十三岁，无因欲娶此十年以长之妇。若云甄未嫁袁熙以前，子建尝欲得以为妻。熙于建安四年出牧幽州，甄年十八，或已嫁熙，前此一年，则子建甫七岁耳！且甄氏中山无极人，袁绍取幽州，故纳为熙妇。若子建则山川间阻，何由闻其美？以七龄童子而昼夜思想，废寝忘食，求此十年以长之妇乎？"又曰："感甄，六朝鲜道之者。颜之推历诋文人过失，但云曹植悖慢犯法。据灌均希旨所奏，信为实事。使有《感甄赋》，不为之讳矣。《金楼子》、《文心雕龙》议植文之失，但举永蛰浮轻之语，则知萧世诚、刘彦和时尚无此记也。元微之诗'思王赋感甄'，李义山诗'宓妃留枕魏王才'，乃借喻其事。姚宽《西溪丛语》知其浅俗不可信，但云出裴铏《传奇》，不云李善注，是姚所见李注无此记也。"

卢弼《三国志集解》曰："邺下初平，甄姬掩面，事在建安九年，子建年才十三。若求婚未遂，当在未嫁袁熙之前，此岂数岁小儿所能为之？事不辨而知其诬。子建就国而后忧虑恐惧，情见乎词，所谓'苍蝇间白黑，谗巧令来疏'，安敢尚有他念。"

按：诸家辨之甚明，感甄乃后世小说家言，不可信据。

作《赠白马王彪》，彪有答诗。

《赠白马王彪》序曰："黄初四年五月，白马王、任城王与余俱朝京师，会节气。到洛阳，任城王薨。至七月，与白马王还国。后有司以二王归藩，道路宜异宿止，意毒恨之。盖以大别在数日，是用自剖，与王辞焉，愤而成篇。"《陈思王植传》注引《魏氏春秋》曰："是时待遇诸国法峻。任城王暴薨，诸王既怀友于之痛，植及白马王彪还国，欲同路东归，以叙隔阔之思，而监国使者不听，植发愤告离而作诗曰"云云。

又《文选》卷二四李善注："集曰：于圈城作。"按：时无圈城，"圈"应为"甄"同音致讹。可见曹植朝京师在前，封雍丘王在后。则雍丘之封，当在七月后。

曹彪《答东阿王》诗见《初学记》卷十八："盘径难怀抱，停驾与君诀。即车登北路，永叹寻先辙。"

曹植归鄄城后，作《杂诗》六首之一"高台多悲风"。

《文选·杂诗六首》李善注云："此六篇……别京已后，在鄄城思乡而作。"按："郾城"当为"鄄城"之误。胡克家《文选考异》曰："何校'郾'改'鄄'，陈同。"

黄节《曹子建诗注》曰："此诗第一首似作于徙封雍丘之前，二、三、四、五首似作于徙封雍丘之后。"

徐公持《曹植诗歌的写作年代问题》中认为："第一首作于前期在邺时。……这可以从诗里的环境描写中窥知。此诗写'高台多悲风，朝日照北林'，与作者《幽思赋》所写'倚高台之曲隅'，'聆鸣鹤于北林',是同一地点。按高台、北林,原在邺,高台即铜雀台,北林鸣鹤乃是铜雀园(西园)景致。所以此诗当于建安中作。"按徐氏此说,仅着眼于地理,证据不够充分。高台、北林固可在邺,但"高台"非即"三台","北林"也可泛指。曹植曾在鄄城筑愁台,基甚高,"高台多悲风",亦可指此。

张可礼《三曹年谱》系于黄初四年,其说曰:"诗曰:'之子在万里,江湖迥且深。方舟安可及,离思故难任。孤雁飞南游,过庭长哀吟。翘思慕远人,愿欲托遗音。'诗盖写怀念远在南方之亲人。考植生平,其在南方之亲人唯有曹彪。《三国志》卷二〇《魏书·楚王彪传》:黄初'三年,封弋阳王。其年徙封吴王。五年改封寿春县。'诗当是本年与彪离别回鄄城后,因思彪而作。"今从之。

植徙封雍丘王。

朱绪曾《曹集考异》曰:"本传黄初四年云:'徙封雍丘王,其年朝京师。'今观《责躬诗》,但云'王爵是加',而未及徙封。盖以鄄城王应诏,至秋归鄄城后,始有徙封之事也。《赠白马王诗序》云'黄初四年五月,白马王、任城王与余俱朝京师……至七月与白马王还国。'据此,则徙封在七月后无疑矣。"

植作《袭封雍丘王表》及《禹庙赞》。

司马彪《续汉书·郡国志三》:"雍丘本杞国。"刘昭注:"曹植《禹庙赞》曰:有禹祠,植移于其城,城本名杞城。"《太平寰宇记》卷一河南道雍丘县:"祺城在县西北一十八里。按陈思王《袭封雍丘王表》云:禹祠原在此城,汉光武迎其神,移在雍丘城内。植于雍丘作官,请迁其神于旧馆。其赞曰:仰县圣业,功济唐虞。微君之勤，吾其为鱼。"

又作《郦食其赞》《郦生颂序》。

　　司马彪《续汉书·郡国志三》："雍丘本杞国"刘昭注："有郦生祠。"《太平寰宇记》卷一河南道雍丘县："郦食其墓在县西南二十八里。……陈思王集云：植猎于高阳之下，过食其墓，倾以斗水束藻荐于座，赞曰：野无卮酒，惟兹行潦；食无嘉毅，宴用蘋藻。"又《北堂书钞》艺文部敏捷类，曹植《郦生颂序》："余道经郦生之墓，聊驻马书此文于其碑侧。"按：赞与颂序并经郦生墓而作，似为一篇。

植又为监官所举。

　　植黄初六年《自诫令》曰："及到雍，又为监官所举，亦以纷若，于今复三年矣！"可推知本年植徙封雍丘王后又为监官所举。

作《当墙欲高行》。

　　诗有云："众口可以铄金。谗言三至，慈母不亲。"按：曹植这里虽用"曾参杀人"的典故，但也暗喻自己三次遭谗。即一为临淄时之灌均；二为鄄城时之王机、仓辑；三为雍丘时之监官。诗又曰："君门以九重，道远河无津。"雍丘时曹植为监官所举，未见有赴洛遭贬之说，大概遭谗后仍居雍丘，故曰"道远"。曰"河无津"，亦非实指渡黄河。因曹植的封地，都在黄河以南，赴洛不必渡河。故此句仍为用典，即汉乐府《悲歌》"欲渡河无船之意。所以本诗当作于雍丘被监官所举后"。

　　赵幼文《曹植集校注》认为："考《魏志·明帝纪》裴注引《魏略》：'是时讹言云：帝已崩，从驾群臣迎立雍丘王植，京师自卞太后群公尽惧。及帝还，皆私察颜色。卞太后悲喜，欲推始言者。帝曰：
天下皆言，将何所推。'曹植此篇，是针对这一政治谣言而作出的申
辩。创作时间，约在太和二年曹叡到长安后。"亦可备一说。

八月辛未（十五日），曹丕校猎于荥阳，遂东巡。九月甲辰（十九
日），至许昌宫。（《文帝纪》）

嵇康生。

　　《晋书·嵇康传》载，康卒年四十。又据《资治通鉴》，康卒于景
元三年（262），上推生于是岁。

黄初五年甲辰（224）　三十三岁

三月，曹丕自许昌还洛阳。四月，立太学，置博士。七月，东巡至
许昌。八月，丕攻吴，至寿春。九月，至广陵。十月，还许昌宫。（《文
帝纪》）

植于本年作《黄初五年令》。

　　本《令》在《文馆词林》卷六百九十五题作《赏罚令》。令中有云：
"诸吏各敬尔在位，孤推一概之平：功之宜赏，于疏必与；罪之宜
戮，在亲不赦。此令之行，有若皎日。"

黄初六年乙巳（225）　三十四岁

正月，植作《慰情赋》。

　　其赋已佚，仅《北堂书钞》卷一百五十六存其序残句："黄初八

年正月，雨。而北风飘寒，园果堕冰，枝干摧折。"按：黄初无八年，"八"当为"六"之坏字。

三月，丕至召陵。乙巳（二十八日），还许昌宫。辛未（闰三月二十四日），丕为舟师东征。五月戊申（初二），至谯。（《文帝纪》）

七月，诸葛亮南征孟获。南中平。（《蜀书·诸葛亮传》及注引《汉晋春秋》）

八月，曹丕自谯循涡入淮，从陆路至徐。

十月，曹丕至广陵故城。临江观兵。水道冰，舟不得入江，乃引还。（《文帝纪》）

十二月，曹丕自谯往梁，过雍丘，幸植宫，增户五百。

> 《陈思王植传》："六年，帝东征，还过雍丘，幸植宫，增户五百。"

植作《自诫令》（一作《黄初六年令》）。

> 其令有曰："今皇帝遥过鄙国，旷然大赦，与孤更始。欣笑和乐以欢孤，陨涕咨嗟以悼孤。丰赐光厚，资重千金，损乘舆之副，竭中黄之府，名马充厩，驱牛塞路。孤以何德，而当斯惠；孤以何功，而纳斯贶。"

《豫章行》二首，似为曹丕幸植宫，与之更始而作。

第一首说明穷达、祸福难于预料，用来比附曹植自己的遭遇。植于黄初中屡被迁废，可谓穷且祸矣。今文帝过雍丘，幸其宫，赏赐丰厚，与之更始。"欣笑和乐"以欢植，"陨涕咨嗟"以悼植，曹植以为可以改变处境了，正如"周公下白屋"一样，可称曹丕之贤德了。

第二首用"鸳鸯自朋亲，不若比翼连。他人虽同盟，骨肉天性然"来说明他与曹丕究竟是骨肉之情，天性使然，其关系非比一般。用"周公穆康叔"来比曹丕对他的亲睦，请曹丕不要再信那些"管蔡"们的流言蜚语了。

或谓本年作《七步诗》，似非。

朱绪曾《曹子建年谱》曰："《七步诗》。郝经《续后汉书》：'六年，丕东征，还，过雍丘宫，令植作诗。丕怜之，增户五百。'荀宗道注引《世说》：魏文帝令东阿王七步中成诗，不成者当大法。应声便为诗云云。帝深有惭色。《太平御览》引《魏志》：文帝尝欲害植，以其无罪，令植七步为诗，若不成，加军法。今《魏志》无其事。《太平广记》引《世说》：魏文帝与陈思王植同辇出游，逢见两牛在墙间斗。一牛不如，坠井而死。诏令赋死牛诗。不得道是牛，亦不得道是井，更不得言其死。走马一百步，令成四十言；步尽不成加斩罪。子建策马而驰，既援笔赋云云。赋成，步未尽，复作三十言自愍诗煮豆云云。"

丁晏《曹集铨评》曰："《诗纪》云：本集不载，疑出傅会。"赵幼文《曹植集校注》曰："此故实已见于六朝文中，如任昉《齐竟陵文宣王行状》有句云：'陈思见称于七步。'似不能以本集不载，即云出于附会而删之，应存疑。"民按：《隋志》载《陈思王集》三十卷，今存者为后代辑录之本，说见本谱末。故不得以今本定作品之真伪。

又按：黄初六年，储位之争已基本平息，《七步诗》不应作于此时，宜于丕初立时。今姑系此以备考。又朱氏所引《死牛诗》，乃小说家言，不可信据。

植所作《上先帝赐铠表》《献文帝马表》及《上银鞍表》均作于黄初中，大致在曹丕至雍丘幸植宫前。

三表所献之物，均得之于武帝曹操，其中铠、银鞍为曹操所赐，马未明言，大致也是曹操所赐。否则，曹植何能得此大宛名马，马可是作战时重要的作战工具。"今代以升平，兵革无事"，故先后献给今皇帝曹丕了。表达了曹植无使用武力夺取政权的图谋，以求得曹丕的谅解。促成了黄初六年曹丕幸植宫的和解之举。

黄初七年丙午(226) 三十五岁

正月，丕至许昌，不入。

《文帝纪》："七年春正月，将幸许昌，许昌城南门无故自崩，帝心恶之，遂不入。"

壬子(初十)，还洛阳宫，三月，筑九华台。(《文帝纪》)

五月，丕疾笃。召中军大将军曹真，镇军大将军陈群，征东大将军曹休，抚军大将军司马懿，并受遗诏辅嗣主。丁巳(十七日)，丕卒，时年四十。六月戊寅(初九)，葬首阳陵。(《文帝纪》)

植作《文帝诔》，并作《上文帝诔表》。

诔序曰："惟黄初七年五月七日，大行皇帝崩。"朱绪曾《曹集考异》曰："潘眉《三国志考证》云：'按帝于丁巳日崩，推是年五月辛丑朔，十七日乃得丁巳，当云五月十七日。今本脱十字。'"

《上文帝诔表》今仅存一句，见《文选》卷五九沈休文《齐故安陆昭王碑文》"膺期诞德"李善注引曰："曹植《上文帝诔表》曰：'阶青云而诞德。'"

五月丁巳（十七日），**魏明帝曹叡即皇帝位。尊卞皇太后为太皇太后，郭后为皇太后，追谥母甄夫人曰文昭皇后。**

《明帝纪》："明皇帝讳叡，字元仲，文帝太子也。生而太祖爱之，常令在左右……以其母诛，故未建为嗣。七年夏五月，帝病笃，乃立为皇太子。丁巳，即皇帝位。"注引《魏略》曰："文帝以郭后无子，诏使子养帝。帝以母不以道终，意甚不平。后不获已，乃敬事郭后，旦夕因长御问起居。郭后亦自以无子，遂加慈爱。文帝始以帝不悦，有意欲以他姬子京兆王为嗣，故久不拜太子。"
魏帝以先帝衣被十三种赐植，植上表谢。

此事有二说，一说指曹丕，一说指曹叡。据《初学记》卷二十《赏赐》曰："曹植表称诏曰：'皇帝问雍丘王，先帝昔常非于汉氏诸帝，积贮衣被，使败于函箧之中。'遗诏以所服衣被赐公王卿官僚诸将，今以十三种赐王。"

朱绪曾《曹子建年谱》系此事于黄初六年曹丕至植宫事。张可礼《三曹年谱》亦同。这里的"皇帝"就指曹丕了。

严可均《全三国文》卷九系此诏出于魏明帝曹叡。题作《诏雍丘王植》，并云作于"太和二年"。出处同是《初学记》。唯不知太和二年说的根据。

按：此事依朱绪曾说，则黄初六年十二月曹丕幸植宫，乃是出征吴的返回途中，出征何以还带着曹操的遗物准备送曹植？况且这时离曹操之死已达六年之久。又曹操《遗令》称："吾历官所得绶，皆著藏中。吾余衣裘，可别为一藏，不能者兄弟可共分之。"与所引遗诏所称"所服衣被赐公王卿官僚诸将"之说不同。故此事应为明帝曹叡时事，似在曹叡继位之初。

十二月，以太尉钟繇为太傅，征东大将军曹休为大司马，中军大将军曹真为大将军，司徒华歆为太尉，司空王朗为司徒，镇军大将军陈群为司空，抚军大将军司马宣王为骠骑大将军。(《明帝纪》)

植作《辅臣论》。

按《辅臣论》所论之人为钟太傅、华太尉歆、曹大司马、王司徒朗、陈司空、曹大将军、司马骠骑七人。其所论之人与官衔均与《明帝纪》黄初七年十二月所封之人全同，故应作于是年。朱绪曾《曹子建年谱》曰："陈禹谟本《北堂书钞》以大将军为曹仁。不知仁薨于黄初四年三月丁未。宋本无仁姓名，乃陈误加也。"

王弼生。

《钟会传》注引何劭《王弼传》曰："正始十年，曹爽废，以公事免。其秋遇疠疾亡，时年二十四。"上推生于是岁。

魏明帝曹叡太和元年丁未(227)　三十六岁

三月，蜀诸葛亮上表出师，驻汉中。(《蜀书·诸葛亮传》《资治通鉴》)

植怨于不齿，秋，杨阜上书明帝陈九族之义。

《杨阜传》："迁将作大匠。时初治宫室，发美女以充后庭，数出入弋猎。秋，大雨震电，多杀鸟雀。"阜上《谏治宫室发美女疏》。"时雍丘王植怨于不齿，藩国至亲，法禁峻密，故阜又陈九族之义焉。诏报曰：'间得密表，先陈往古明王圣主，以讽暗政，切至之辞，款诚笃实。退思补过，将顺匡救，备至悉矣。览思苦言，吾甚嘉之。'"

又《王朗传》曰："明帝即位，进封兰陵侯……使至邺省文昭皇后陵，见百姓或有不足。是时方营修宫室，朗上疏(谏)。"据《明帝纪》，"立文昭皇后寝于邺"是太和元年二月事。而杨阜之谏，在太和元年秋，则杨阜为曹植事陈九族之义，应略后于此。

秋或稍后，植徙封浚仪。

《陈思王植传》："太和元年，徙封浚仪。"据阜传，杨阜本年秋陈九族之义时，植尚为雍丘王，则其徙封浚仪，当在杨阜上疏之后。

十二月，孟达图归汉，诏骠骑将军司马懿讨之。(《明帝纪》)

《释疑论》当作于太和年间。

本篇逸文见晋葛洪《抱朴子·内篇·论仙》。葛洪说是曹植晚年所作。文中述左慈、甘始等事，其态度与建安中所作《辨道论》时的看法迥异，故说它是晚年所作是可信的。大致当作于明帝太和中。

太和二年戊申(228) 三十七岁

正月，司马懿击杀孟达。诸葛亮攻魏，天水、南安、安定三郡皆响应。张郃败马谡于街亭，平定三郡。(《明帝纪》《张郃传》)

丁未(二月十七日)，明帝曹叡至长安。

《明帝纪》谓明帝正月丁未至长安。考太和二年正月辛酉朔，则丁未应为二月十七日。《明帝纪》夺"二月"二字。

春，植从浚仪复还雍丘。

《陈思王植传》："二年，复还雍丘。"但未明言何月还雍丘。据《明帝纪》："夏四月丁酉（初八），还洛阳宫。"注引《魏略》曰："是时讹言云：'帝已崩，从驾群臣迎立雍丘王植。'"这里称雍丘王而不说浚仪王，可知四月初八以前，植已从浚仪复还雍丘了。又据《朔风诗》云："昔我初迁，朱华未希，今我旋止，素雪云飞。""昔我"二句，指太和元年迁浚仪时，其时正秋季，朱华（荷花）未希。"今我"二句，指复还雍丘时，已是白雪纷飞的初春。

作《朔风诗》。

朱绪曾《曹集考异》曰："此明帝太和二年复还雍丘作。"又《曹子建年谱》曰："《朔风诗》：'昔我往矣，朱华未晞；今我旋止，素雪云飞。'言去雍丘至浚仪，今复旋雍丘也。"

四月丁酉（初八）前，有传言帝已崩，从驾群臣迎立雍丘王植。丁酉，叡还洛阳宫，传言自破。叡不究始言者。

《明帝纪》："夏四月丁酉，还洛阳宫。"裴注引《魏略》曰："是时讹言云：'帝已崩，从驾群臣迎立雍丘王植。'京师自卞太后、群公尽惧。及帝还，皆私察颜色。卞太后悲喜，欲推始言者。帝曰：'天下皆言，将何所推？'"

五月，大旱。得时雨，植因作《喜雨》诗。

《明帝纪》：太和二年，"五月，大旱"。《喜雨》诗序曰："太和二年大旱，三麦不收，百姓分于饥饿。"其诗有云："时雨终夜降，长雷周我庭。嘉种盈膏壤，登秋必有成。"

司马懿进军江陵。曹休从皖进，贾逵向东关，魏三道并进征吴。后诏使司马懿驻军，贾逵东与曹休合进。

植作《与司马仲达书》。

《贾逵传》："太和二年，帝使逵督前将军满宠、东莞太守胡质等四军，从西阳直向东关，曹休从皖，司马宣王从江陵。逵至五将山，休更表贼有请降者，求深入应之。诏宣王驻军，逵东与休合进。"这次司马懿在进军中有"诏宣王驻军"之说，这是一个军事秘密，曹植不可能知道，故在《与司马仲达书》中责备他说："盖弋鸟者矫其矢，钓鱼者理其纶，此皆度彼为虑，因象设宜者也。今足下曾无矫矢理纶之谋，徒欲候其离舟，伺其登陆，乃图并吴会之地，牧东野之民，恐非主上授节将军之心也。"

又朱绪曾《曹集考异》曰："《魏志·曹休传》：'太和二年，帝为二道征吴，遣司马宣王从汉水下，督休诸军向寻阳。'"子建与懿书，盖在是年。

九月，曹休兵败。植闻休败，上《求自试表》。

《陈思王植传》："二年复还雍丘。植常自愤怨，抱利器而无所施，上疏求自试"云云。其表有云："然而高鸟未挂于轻缴，渊鱼未悬于钩饵者，恐钓射之术或未尽也。"正是与上举《与司马仲达书》中批评司马懿的"足下曾无矫矢理纶之谋"同意。表又云："若使陛下出不世之诏，效臣锥刀之用，使得西属大将军，当一校之队；若东属大司马，统偏舟之任。必乘危蹈险，骋舟奋骊，突刃触锋，为士卒先。"这正是这次征吴的二路主帅。西路大将军为司马懿，东路大司马为曹休。表复云："流闻东军失备，师徒小衄，辍食弃餐，奋袂攘衽，抚剑东顾而心已驰于吴会矣。"《文选》李善注："《魏志》曰：休至皖，与吴将陆逊战于石亭，败绩。"据此，知植闻曹休兵败，上表求自试。

按：此表见《陈思王植传》、《文选》及《艺文类聚》卷五十三。《艺文类聚》同卷又收了"又表曰"，严可均《全三国文》题作《又求自试表》，入收。其实，这"又表"是指曹植另一表文《陈审举疏》，非《又求自试表》。严可均也看到了这是《陈审举疏》的文字，但他把《艺文类聚》的原文"又表"看成了"又求自试表"，因而作结论说："考《文馆词林》载明帝答诏云：'省览来书，至于再三，则求自试，似非一表。'"其实，"省览来书，至于再三"者，谓再三省览来书也，文意甚明，不必曲为之说。

又严可均《全三国文》中又把"夫人贵生者，非贵其养体好服"一段文字归入《又求自试表》中，这段文字见于《陈思王植传》《求自试表》后的注中，裴注引《魏略》曰："植虽上此表，犹疑不见用，故曰：'夫人贵生者，非贵其养体好服，终竟年寿也，贵在其代天而理物也。夫爵禄者，非虚张者也，有功德然后应之，当矣。无功而爵厚，无德而禄重，或人以为荣，而壮夫以为耻。故太上立德，其次立功，盖功德者所以垂名也。名者不灭，士之所利，故孔子有夕死之论，孟轲有弃生之义。彼一圣一贤，岂不愿久生哉？志或有不展也。是用喟然求试，必立功也。呜呼！言之未用，欲使后之君子知吾意者也。'"这段文字，解释了上求试表的原因。并无说明是《又求自试表》中之语，《魏略》只是说"故曰"，就像是指其他文字中的语言，有可能是曹植自己，也可能是旁人的文字。这就只能存疑了。曹植是否真的写了《又求自试表》一文，还是一宗无确实证据的疑案。

或作《杂诗》之五"仆夫早严驾"。

徐公持《曹植诗歌的写作年代问题》曰："统观全诗，它很可能作于太和二年。其时的情况是，魏大司马曹休为吴陆逊所败。曹植正在雍丘，闻知消息，即作《求自试表》上明帝。表中有云：'虚荷上位而忝重禄，禽息鸟视，终于白首，此徒圈牢之养物，非臣之所志也。流闻东军失备，师徒小衄，辍食弃餐，奋袂攘衽，抚剑东顾而心已驰于吴会矣。'这一段文字正好与此诗内容完全相合，可作为诗的注脚观。……表中'流闻东军失备……心已驰于吴会矣'，即此诗前六句的意思，'虚荷上位……非臣之所志也'，即此诗后六句的意思。可以认为，曹植在写了《求自试表》后，意犹未尽，又作了此诗。"

张可礼《三曹年谱》亦从徐公持说，系于太和二年。

或作《虾䱇》篇。

赵幼文《曹植集校注》："在曹魏中叶，势利是求的社会里，子建上表求自试，自己清醒地估计到'必为朝士所笑'，故写此曲予当时嘲笑者以反击，语多讽刺，而形象地描绘王朝政权中人的可耻行为。"可备一说，大约是写于太和中。

庚子(十月十四日)，曹休死。植作《大司马曹休诔》。

《明帝纪》："秋九月，曹休率诸军至皖，与吴将陆议(即陆逊)战于石亭，败绩。……庚子，大司马曹休薨。"

又《曹休传》："休上书谢罪。帝遣屯骑校尉杨暨慰喻，礼赐益隆。休因此痛发背薨。"按：九月无庚子日，十月十四始为庚子，则曹休应卒于十月十四日。植为之作《大司马曹休诔》。

十二月，诸葛亮出散关，围陈仓。曹真遣将军费曜等拒之。亮粮尽而退。（《明帝纪》《诸葛亮传》）

太和三年己酉(229)　三十八岁

春，诸葛亮拔武都、阴平二郡。（《诸葛亮传》）

四月，吴王孙权称帝，是为吴大帝。九月，迁都建业。（《吴主传》）

植作《藉田说》。

一作《藉田论》。其说有云："奇柳夹路，名果被园……此亦寡人之封疆也。"而本年所作之《转封东阿王谢表》有云："臣在雍丘，勄劳五年，左右罢怠，居业向定。园果万株，枝条始茂。"情景相同，亦应是在雍丘时作。其云"名果被园"，则不应作于初封雍丘时。否则，短时间不能有"名果被园"之事。

赵幼文《曹植集校注》曰："藉田在封东阿时，鄄城、雍丘，农桑一无所营可证。此两段内容，和《陈审举表》相近，因此疑作于太和四年或五年之春。"今未取。

十二月，植徙封东阿。作《转封东阿王谢表》。

《陈思王植传》："三年，徙封东阿。"《资治通鉴》：明帝太和三年"十二月，雍丘王植徙封东阿"。

《转封东阿王谢表》曰："奉诏：'太皇太后念雍丘下湿少桑，欲转东阿，当合王意。可遣人按行，知可居不？'奉诏之日，伏增悲喜。"

作《迁都赋》。

其序曰:"余初封平原,转出临淄,中命鄄城,遂徙雍丘,改邑浚仪,而末将适于东阿。"序曰"将适于东阿",用"将"字,则尚未至东阿时作也。

植作《吁嗟篇》及《杂诗》之二《转蓬离本根》。

丁晏《曹集铨评·吁嗟篇》题解曰:"《魏志》本传:'十一年中而徙都,常汲汲无欢,遂发疾薨。'此诗当感徙都而作也。"其说是。但丁氏未明确此诗的作年,在其所作的年谱中也未曾系年。徐公持《曹植诗歌的写作年代问题》一文中说:"有些诗篇的创作背景情况已基本弄清,并明确地被考定为某年所作。"其中《吁嗟篇》被定为"太和三年(丁晏说)"。太和三年说可从,但丁晏未作考定。

俞绍初《曹植年谱》把《吁嗟篇》和《杂诗·转蓬离本根》系于太和三年。其说曰:"本集《迁都赋》序曰:'余初封平原……而末将适于东阿。号则六易,居实三迁。连遇瘠土,衣食不继。'赋曰:'啄蚑蛲而食蔬,撅皮毛以自蔽。'与二诗意合。子建于是年迁于东阿,此二篇盖作于此时。"按:《迁都赋》所云之"啄蚑蛲而食蔬"二句,乃指"纷混沌而未分,与禽兽乎无别"的上古之世,非自言衣食不继也。俞氏讹引。

又赵幼文《曹植集校注》"转蓬离本根"首曰:"此诗'转蓬'六句,描述流离播迁,居无恒处之苦境。'毛褐'二句,与《转封东阿王谢表》中之'桑田无业,左右贫穷,食裁糊口,形有裸露'雍丘生活状况相同。疑此篇或作太和二年时。"

按：曹植于太和三年十二月由雍丘王徙封东阿，作《转封东阿王谢表》，故《杂诗》"转蓬离本根"暂系于太和三年。

作《社颂》。

《社颂》一作《赞社文》。俞绍初《曹植年谱》系于太和六年。曰："颂序曰'余前封鄄城侯，转雍丘，皆遇荒土，宅宇初造，以府库尚丰，志在缮宫室，务园圃而已，农桑一无所营。经离十载，块然守空，饥寒备尝。圣朝愍之，故封此县。'按本传，黄初四年徙封雍丘，太和六年以陈四县封植为陈王，其间相距十年，与序合。"

民按：《社颂》序谓"前封鄄城侯，转雍丘，皆遇荒土"，则应从黄初二年封鄄城侯算起，至太和六年时为十二载，不得云"经离十载"。若此颂作于太和六年，则序中不应不及东阿。今不及东阿，可知颂中之"故封此县"乃指东阿也。故《社颂》应作于东阿王时。考植《转封东阿王谢表》中说："太皇太后念雍丘下湿少桑，欲转东阿。……臣在雍丘，勋劳五年，左右罢怠……然桑田无业，左右贫穷，食裁糊口，形有裸露。臣闻古之仁君，必有弃国以为百姓，况乃转居沃土，人从蒙福。"这与《社颂》序所说的景况同。故知《社颂》应作于东阿。植自黄初二年封鄄城侯至本年徙封东阿，计九载。《社颂》序云"经离十载"，乃取其成数也。

植登鱼山，临东阿，有终焉之心，遂营为墓。

见《陈思王植传》。卢弼《三国志集解》曰："《异苑》：陈思王尝登鱼山，临东阿，忽闻岩岫里有诵经声。清道深亮，远谷流响，肃然有灵气，不觉敛衿祗敬，便有终焉之志。即效而则之，今梵唱皆植依拟所造。梁释慧皎《高僧传·诵经篇》论云：始有魏陈思王曹植，深爱经律，属意经旨。既通般若之瑞响，又感鱼山之神制，于是删治瑞应本起以为学者之宗。传声则三千有余，在契则四十有二。《法苑珠林·呗赞篇》云：陈思王曹植，每读佛经，以为至道之宗极，遂制转赞七声（《广弘明集》作转读七章），升降曲折之响，故世之讽诵咸宪章焉。常游鱼山，忽闻空中梵天之响，清雅哀婉，其声动心。独听良久，乃摹其声节，写为梵呗，撰文制者，传为后式。"

朱绪曾《曹子建年谱》曰："子建未尝佞佛求仙。方有意自试，忧国忧家，岂遁入异端乎！良以陈王高才，名重后世，缁黄依托而为此说耳。裴松之采掇极富，亦不载此事，其妄不足辨。"

植于东阿时毁谀墓碑。

《北堂书钞》艺文部碑类引《会稽典录》曰："虞歆，字文肃，历郡守，节操高厉。魏曹植为东阿王，东阿先有三十碑铭，多非实，植皆毁除之。以歆碑不虚，独全焉。"

太和四年庚戌(230) 三十九岁

作《谢赐谷表》。

植太和三年十二月徙封东阿，其《转封东阿王谢表》求助于明帝曹叡曰："臣在雍丘，劬劳五年……然桑田无业，左右贫穷，食裁糊口，形有裸露。……若陛下念臣入从五年之勤，少见佐助，此枯木生华，白骨更肉，非臣之敢望也。饥者易食，寒者易衣，臣之谓矣。"表上，明帝赐谷五千斛。植作《谢赐谷表》。表仅存二句曰："诏书念臣经用不足，以船河邸阁谷五千斛赐臣。"东阿正地处黄河边，故从河运。其往返尚需时日，故应于本年初上《谢赐谷表》。

二月戊子(初十)，诏太傅三公以文帝曹丕《典论》刻石立于庙门之外。(《明帝纪》)

六月戊子(十一日)，植母太皇太后卞氏亡故，植作《卞太后诔》并上表。

此据《明帝纪》。又《武宣卞皇后传》曰："明帝即位，尊太后曰太皇太后。"又曰："至太和四年……五月，后崩。七月，合葬高陵。"按：太和四年五月戊申朔，五月无戊子。六月戊寅朔，戊子为十一日。今从《明帝纪》。

吴质入朝为侍中，至夏季卒。

《王粲传》注引《质别传》曰："太和四年入为侍中。……其年夏卒。"

七月，诏大司马曹真、大将军司马懿攻蜀。

九月，诏真等班师。(《明帝纪》)

或曰作《征蜀论》。

朱绪曾《曹子建年谱》曰："《征蜀论》。《明帝纪》：秋七月，诏大司马曹真、大将军司马宣王伐蜀。九月，诏真等班师。"

张可礼《三曹年谱》系于本年七月。其曰："太和年间，魏多次谋议征蜀，唯本年七月征蜀，群臣谏议较多。《征蜀论》殆作于是年七月诏曹真等征蜀时。"

按：植欲平定吴蜀，常不忘于心。据今《征蜀论》残文，实难确指何年。故赵幼文《曹植集校注》收入"时期未定者"一类。朱绪曾、张可礼之说，可备一家之言以供参考。

太和五年辛亥(231) 四十岁

二月，蜀诸葛亮出祁山攻魏。诏大将军司马懿拒之。六月，诸葛亮粮尽兵退。司马懿遣张郃追之，飞矢中郃而卒。(《资治通鉴》)

七月，皇子殷生，大赦。植作《皇子生颂》。

《明帝纪》：太和五年七月，皇子殷生，大赦。按：明帝有子清河王冏、繁阳王穆、安平哀王殷。曹冏卒于黄初七年十月；曹穆卒于太和三年六月癸卯。时曹殷尚未生。故《王朗传》说明帝"屡失皇子"。至本年曹殷生，曹叡得此子大喜过望，大赦天下，群臣时必朝贺称颂。现存有夏侯玄《皇胤赋》曰："览二仪之上体，本人伦之大纪。道莫崇于后辟，统莫大于承祀……在太和之五载，肇皇胤之盛始。时惟孟秋，和气淑清。良辰既启，皇子诞生。"正是说的此事。曹植的《皇子生颂》，亦当作于是岁。

植上《求通亲亲表》，曹叡报诏曰："本无禁固诸国通问之诏"，"敕有司如王所诉。"

《陈思王植传》："五年，复上疏求存问亲戚，因致其意"云云。"诏报曰：……夫明贵贱，崇亲戚，礼贤良，顺少长，国之纲纪，本无禁固诸国通问之诏也。矫枉过正，下吏惧谴以至于此耳。已敕有司如王所诉。"

植上《陈审举表》，帝辄优文答报。

《陈思王植传》："植复上疏陈审举之义，曰：……帝辄优文答报。"

朱绪曾《曹子建年谱》曰:"本传云:'植复上疏陈审举之义。'魏明帝《答东阿王论边事诏》,(书见《文馆词林》卷六百六十四)有云'何乃谦卑,自同三监?'答表中'三监之衅,臣自当之'之语。"

上《谏取诸国士息表》。

植《陈审举表》中已云:"被鸿胪所下发士息书,期会甚急。"

《陈思王植传》裴注引《魏略》曰:"是后大发士息,及取诸国士。植以近前诸国,士息已见发,其遗孤稚弱,在者无几,而复被取,乃上书曰。"书中说及:"又臣士息前后三送,兼人已竭。惟尚有小儿,七八岁已上,十六七已还,三十余人。今部曲皆年耆,卧在床席,非糜不食,眼不能视,气息裁属者,凡三十七人;疲癃风靡,疣盲聋聩者,二十三人。惟正须此小儿,大者可备宿卫,虽不足以御寇,粗可以警小盗;小者未堪大使,为可使耘锄秽草,驱护鸟雀。……若陛下听臣悉还部曲,罢官属,省监官,使解玺释绂……"表上,诏下,"皆遂还之"。

八月,明帝曹叡诏诸王朝六年正月。

《明帝纪》:"八月,诏曰:'古者诸侯朝聘,所以敦睦亲亲,协和万国也。先帝著令不欲使诸王在京都者,谓幼主在位,母后摄政,防微以渐,关诸盛衰也。朕惟不见诸王十有二载,悠悠之怀,能不兴思。其令诸王及宗室公侯各将适子一人朝。'"

《陈思王植传》:"其年冬,诏诸王朝六年正月。"

《晋书·礼志下》:"魏制,藩王不得朝觐。魏明帝时,有朝者,皆由特恩,不得以为常。"

按:《明帝纪》所载诏书未提朝京师时日,《资治通鉴》则明言

"其令诸侯王及宗室公侯各将适子一人朝明年正月"。本传亦云"朝
六年正月"。惟本传云"其年冬"下诏，而《明帝纪》云八月下诏。八
月为秋，则本传似应作"其年秋"。

作《请赴元正表》。

是表残存四句，句云"欣豫百官之美，想见朝觐之礼，耳存九
成，目想率舞"，是曹植预想朝觐的情景，不是已经参加了朝见的
实情。严可均认为作于黄初四年，恐非。考黄初四年曹丕三月始回
洛阳，植于五月朝京师，是"会节气"，非赴元正。而太和六年正月
赴京师朝元会史有明文记载。故这表大约作于太和五年八月明帝诏
诸王朝觐，亦六年正月以前。明帝得植表的请求，顺水推舟，下了
诸王朝六年正月元会的诏命。

冬，植至京师，作《谢入觐表》。明帝赐柰，作《谢赐柰表》。

《谢赐柰表》曰："臣得出幽屏之城，获觐百官之美，此一喜也。
背茅茨之陋，登闾阖之闳，此二喜也。必以有觊之容，瞻见穆穆之
颜，此三喜也。将以梼杌之质，禀受嵩圣之训，此四喜也。"表曰
"必以""将以"，可知作于太和五年冬，未入京朝见之时。证之《中
山恭王衮传》及《楚王彪传》，均谓太和五年冬入朝，则是表作于本
年冬。

朱绪曾《曹集考异·谢赐柰表》注："《齐民要术》曰：'魏明帝
时，诸王朝，夜赐东城柰一奁。'陈思王谢曰：柰以夏熟，今则冬
生。物以非时为珍，恩以绝口为厚。诏曰：'此柰从凉州来。'据此，
冬榛一作东城柰。"又其《年谱》曰："本传云：'其年冬，诏诸王朝。'
是表作于是年冬。盖诸王赴六年正月元会，于五年冬已至京师。表

中云'柰以夏熟，今则冬生'，知作于冬也。"

朝见曹叡，叡见其瘦弱，赐食。植作《谢明帝赐食表》。

《太平御览》卷三七八引明帝手诏曹植曰："王颜色瘦弱，何意耶？腹中调和不？今者食几许米，又啖肉多少？见王瘦，吾甚惊。宜当节水加餐。"植上表谢曰："近得赐御食，拜表谢恩。寻奉手诏，愍臣瘦弱。奉诏之日，涕泣横流。虽文武二帝所以愍怜于臣，不复过于明诏。"

按：植于太和五年冬至京，宜即朝见明帝。明帝见其瘦弱而慰问之，并赐食，其事也应在太和五年冬。

《太平御览》卷三百七十六引《魏略》曰："陈思王精意著作，食饮损减，得反胃病也。"

冬至前，作《冬至献袜履颂》。

冬至，为二十四节气之一，约在每年农历十一月中。其颂序曰："伏见旧仪，国家冬至献履贡袜，所以迎福践长，先臣或为之颂。"

据《文心雕龙·指瑕》曰："陈思之文，群才之俊也。而……《明帝颂》云，'圣体浮轻'。浮轻有似于胡蝶。"按"圣体浮轻"之句，即出自《冬至献袜履颂》，可知此颂为明帝太和中作。考太和时，曹植只有在太和五年至六年曾至京师，故此颂当作于太和五年的冬至以前。

太和六年壬子(232)　四十一岁，卒

正月，作《元会诗》。

《元会诗》系年颇多分歧。丁晏《魏陈思王年谱》系于黄初元年。朱绪曾《曹集考异》谓作于黄初五年，而其所作年谱又系于太和六年。黄节《曹子建诗注》谓作于黄初五年或六年。俞绍初《曹植年谱》从黄节说。古直《曹子建诗笺》考订作于太和六年。张可礼《三曹年谱》、赵幼文《曹植集校注》同古直说。今略作引述如下。

朱绪曾曰："《类聚》载《谢得入表》、《罢朝表》，盖黄初时奉绝朝之诏，故展转吁请。《元会诗》亦作黄初中。按《文帝纪》，黄初二年十二月东巡。三年正月丙寅朔，庚午，行幸许昌宫。是三年元会仍未至许也。四年正月则在宛。九月幸许。五年三月自许还洛阳，冬(应作秋)七月幸许。六年三月幸召陵，乙巳还许。八月至谯。十二月行自谯，过梁。七年春正月，将幸许昌，不果入，壬子还洛阳宫。夏五月丁巳崩。计惟五年正月朔在许。"

黄节曰："朱氏《考异》，以为此诗作于黄初五年，谓文帝惟五年正月朔在许故也。然考《魏志》，黄初五年秋七月幸许，八月循蔡颍浮淮，幸寿春，九月遂至广陵，十月行还许昌宫。六年二月，遣使者循行许昌以东，三月幸召陵，乙巳还许昌宫。是五年十月还许昌宫后，至六年三月，方自许幸召陵，则六年正月朔，文帝亦在许，不独五年也。此诗作于黄初五年或六年。"

俞绍初《曹植年谱》从黄节说，系于黄初六年。朱绪曾《曹子建年谱》又系于太和六年，曰："本传云：六年正月朝京师。"则又否定

了自己在《考异》中的黄初五年说。

古直主太和六年说，其曰："丁俭卿（丁晏）曰：'黄初元年。'直按：《魏志》，文帝以延康元年冬十一月受禅，改元黄初，则黄初元年不得有元会。丁说非也。《宋书·礼志》曰：汉元会仪于今则未周备。魏国初建，事多兼阙，故黄初三年始奉璧朝贺。据此，则魏元会实始黄初三年。考《魏志》本传：太和五年冬，诏诸王朝六年正月。然则《元会诗》当作于此时也。"按：古直说史有明文，今从之。

又赵幼文《曹植集校注》因后出，说得更周详一些，其曰："朱、黄、古三家俱征引《魏志》去探索《元会》诗写作时日。由于都忽略了这一基本历史情况，即《晋书·礼志》：'魏制藩王不得朝觐，明帝时有朝者由特恩。'《魏志·武文世王公传》裴注引《袁子》：'……县隔千里之外，无朝聘之仪，邻国无会同之制。诸侯游猎不得过三十里，又为设防辅监国之官以伺察之。'即使曹丕、曹叡举行元会，没有诏令藩王参加，则藩王绝对不可能离开本国。历史记载，曹植赴洛阳计二次：一在黄初四年五月，另一在太和五年冬，至六年春反国。《元会》诗是曹植参加正月元日的朝宴而写，则创作时日必在太和六年正月，是确然可信的。"

曹叡使植周观，植作《谢周观表》《承露盘铭》。

俞绍初《曹植年谱》曰："《艺文》九十八引魏明帝与陈王植诏，'昔先帝时，甘露屡降于仁寿殿前，灵芝生芳林园中，自吾建承露盘已来，甘露复降芳林园仁寿殿前。'植于明帝太和六年十一月卒，铭当作于太和之时。铭序有'承露盘，在芳林园中。茎长十二丈，大十围，上盘迳四尺九寸，下盘迳五尺。铜龙绕其根，龙身长一丈，背负两子'云云。盘应为植亲见。考《本传》'五年冬诏诸王朝六年正月'，前于此，太和间植未曾朝京，铭当作于斯年。"按：《谢周观表》曰："诏使周观，初玩云盘，北观疏圃，遂步九华，神明特处，谲诡天然，诚可谓帝室皇居者矣。""云盘"即承露盘。此可与《承露盘铭》互证，应作于太和五年冬或六年初。

二月，曹叡爱女淑卒，植作《平原懿公主诔》。

《甄皇后传》："太和六年，明帝爱女淑薨，追封谥淑为平原懿公主。"据《资治通鉴》，曹淑卒于二月，则其诔当作于其时。

曹叡从曹淑墓上还，亦有《平原公主诔》之作，并作诏送曹植一阅。植又作《答明帝诏表》。

《太平御览》卷五百九十六引明帝诏告曹植曰："吾既薄才，至于赋诔特不闲。从儿陵上还，哀怀未散，作儿诔，为田家公语耳。"

植作《答明帝诏表》曰："奉诏，并见圣恩。所作《故平原公主诔》，文义相扶，章章殊兴，句句感切；哀动神明，痛贯天地。楚王臣彪等闻臣为读，莫不挥涕。"从表中也可看到当时诸王尚在京师。

或作《怨歌行》。

这诗的作者，记载不一。余冠英《三曹诗选》曰："本篇的作者是否曹植向来成为问题。《技录》和《乐府解题》将此篇作古辞。《太平御览》引作古诗。《北堂书钞》作魏文帝诗。《艺文类聚》、《文章正宗》、《乐府诗集》都作曹植诗。这诗恰合曹植的身份和口吻，曹集各本都载入这首诗。"

对这诗的作年，比较一致的说法是作于明帝太和中。但其间也有不同的说法。元刘履《选诗补注》曰："子建在雍丘时，常自愤怨，抱利器而无所施，上疏求自试。明帝既不报。及徙东阿，复上疏，言禁锢明时，兄弟乖绝，恩纪之违，甚于路人。愿入侍左右，承答圣问。其年冬，召诸王朝。此诗之作，其在入朝之后，燕享之时乎？子建于明帝为叔父，故借周公之事，陈古以讽今，庶其有感焉。"

俞绍初《曹植年谱》系于太和二年，其曰："按《魏志·明帝纪》太和二年注引《魏略》曰：'是时讹言，云帝已崩，从驾群臣迎立雍丘王植。'因此为明帝所猜忌，诗中借用周公故事而有'忠信事不显，乃有见疑患'之语，殆为此而发乎？此篇或为是年所作。"

赵幼文《曹植集校注》着眼于史载太和元年的天灾，与植诗的"震雷风且寒""拔树偃秋稼"的时令及情况正合。他说："按《魏志·杨阜传》：'阜上疏曰：顷者天雨，又多卒暴，雷电非常，至杀鸟雀。天地神明以王者为子也，政有不当，则见灾谴……。《书》曰九族既睦，协和万国。事思厥宜，以从中道。……时雍丘王植怨于不齿，藩国至亲，法禁峻密，故阜又陈九族之义焉。'按《宋书·五行志》，此次天灾发生在太和元年的秋天。植在发愤中写作此篇，是借用古事来发抒内心的愿望，而祈求曹叡一如成王之感悟，给予输力的机会。"

民按：俞氏据讹言而疑作于太和二年，赵氏据天灾而定太和元年。然此二年曹植远处雍丘，即今河南杞县，未必能知洛阳之事，故其说可存疑。又诗中雷震风寒、拔树偃稼之说，乃用周公的典故。《尚书·金縢》说：周武王病重时，周公旦祈祷上苍，请求代武王去死，并把祷辞存放金縢中。武王病遂愈。后武王死，管叔等散布流言，说周公将不利于成王。"秋，大熟。未获，天大雷电，以风，禾尽偃，大木斯拔。"发金縢，乃知周公之冤、之忠。可见《怨歌行》全用周公典故，未必是指太和元年的天灾。又：诗中有"公旦事既显"，成王乃"感悟""哀叹"之语，或植认为其《求通亲亲表》等"感悟"了其侄明帝，而明帝对他朝觐也颇为亲近，曾一度抱有改变自己处境的希望，故有是作。

明帝赐植鼓吹，植作《谢鼓吹表》。

《谢鼓吹表》曰："许以箫管之乐，荣以田游之嬉。陛下仁重有虞，恩过周旦，济世安宗，实在圣德。"按：曹植于太和五年上《求通亲亲表》中尚云："未有义而后其君，仁而遗其亲者也。伏惟陛下资帝唐钦明之德，体文王翼翼之仁。"能"推惠施恩"。说到自己，"至于臣者，人道绝绪，禁锢明时，臣窃自伤也。……近且婚媾不通，兄弟永绝。吉凶之问塞，庆吊之礼废，恩纪之违甚于路人，隔阂之异殊于胡越……每四节之会，块然独处，左右唯仆隶，所对惟妻子"。则其鼓吹之恩赐，当在太和六年朝觐之时。

或作《名都篇》。

本诗所称名都，指洛阳。诗云"京洛出少年"，又云"归来宴平乐"，其地都在洛阳。又诗有"长驱上南山"，而潘尼《迎大驾诗》中有"南山郁岑嵅，洛川迅且急"句，所称南山亦应指洛阳之南山。故是诗应是曹植有感于洛阳纨绔少年终日游宴而作。考曹植留止或途经洛阳，于建安十六年从征韩遂、马超时经过一次，时洛阳依旧是"洛阳何寂寞，宫室尽烧焚。垣墙皆顿擗，荆棘上参天"（《送应氏》），非《名都篇》描述之景象。至建安二十三、二十四、二十五年，植从征刘备时又曾于此居止，此时洛阳亦未见有修复之记载。故此诗不应作于建安中。

曹丕于黄初元年代汉称帝，才开始迁居洛阳，经营洛阳宫。黄初二年，植由临淄侯贬爵安乡侯，应在洛阳居留过。黄初四年，又曾至洛阳会节气。黄初中这几次赴洛，正当魏国初建，洛阳亦恐未必有《名都篇》中的豪华景象。

由此直到明帝太和五年冬至太和六年初，曹植再到洛阳，这时洛阳相对安定了几年，一切都颇具规模了。正如曹植在《谢周观表》中所说的："诏使周观，初玩云盘，北观疏圃，遂步九华，神明特处，谲诡天然，诚可谓帝室皇居者矣！虽昆仑阆风之丽，文昌之居，不是过也。"这时的贵族官宦少年，奢靡之风已盛行。正如董昭在明帝太和中上疏说的："窃见当今年少，不复以学问为本，专更以交游为业；国士不以孝悌清修为首，乃以趋势游利为先。"（《董昭传》）同时，曹植亦历经贬迁，可说是艰难险阻，备尝之矣，对自己少年时的斗鸡走马，亦当有所反省。故诗有"白日西南驰，光景不可攀。云散还城邑，清晨复来还"的委婉讽谏。所以本篇似应在太和六年于洛阳有感于纨绔少年沉迷于游乐而作。详可参见拙文《曹植〈登台赋〉〈名都篇〉作年探索》。

明帝改封诸王为郡王，又以郡为国。以陈四县封植为陈王。

据《彭城王据传》，曹丕于黄初五年下诏，改封诸王皆为县王。又据《明帝纪》："（太和）六年春二月……其改封诸侯王，皆以郡为国。"

又据《陈思王植传》：太和六年"二月，以陈四县封植为陈王，邑三千五百户"。

作《改封陈王谢恩章》《谢妻改封表》，旋返国。

《谢恩章》曰："不意天恩滂霈，润泽横流，猥蒙加封，茅土既优，爵赏必重。"《谢妻改封表》有曰："玺书：今以东阿王妃为陈王妃，并下印绶"云云。

据《陈思王植传》，植改封陈王后又说："植每欲求别见独谈，论及时政，幸冀试用，终不能得。既还，怅然绝望。"从叙次看，应先封陈王后再赴陈。又《明帝纪》，明帝于三月癸酉(初七)东巡，四月壬寅(初六)至许昌宫，则植等诸王应在明帝离洛阳前的二月返回。

九月，魏分水陆两道攻公孙渊，无功引还。(《资治通鉴》)

作《谏伐辽东表》。

朱绪曾《曹集考异》注曰："按《蒋济传》裴注引司马彪《战略》曰：'太和六年，明帝遣平州刺史田豫乘海渡，幽州刺史王雄陆道，并攻辽东。蒋济谏曰："凡非相吞之国，不侵叛之臣，不宜轻伐。伐之而不制，是驱使为贼。故曰虎狼当路，不治狐狸。先除大害，小害自已。今海表之地，累世委质，岁选计考，不乏职贡。议者先之，正使一举便克，得其民不足益国，得其财不足为富；傥不如意，是为结怨失信也。"帝不听，豫行竟无成而还。'子建以太和六年十一月卒，其上谏表当在是年十一月以前。"

又俞绍初《曹植年谱》曰："据《通鉴魏纪》太和二年，帝拜公孙渊辽东太守。六年九月，公孙渊数与吴通，帝讨之。散骑常侍蒋济谏曰:'今海表之地,累世委质。正使一举便克,得其民不足益国,得其财不足为富。'谏表中有'得其地不足以偿中国之费,虏其民不足以补三军之失,是我所获不如所丧'之语。与蒋谏语虽不同,然理归一趣。故表为是年作无疑也。"

十一月庚寅(二十八日),植卒,谥曰思。

《明帝纪》:太和六年十一月庚寅,陈思王植薨。

《陈思王植传》曰:"植每欲求别见独谈,论及时政,幸冀试用,终不能得。既还,怅然绝望。时法制待藩国既自峻迫,僚属皆贾竖下才,兵人给其残老,大数不过二百人。又植以前过,事事复减半。十一年中而三徙都,常汲汲无欢,遂发疾薨,时年四十一。"

遗令薄葬。其墓在陈阿西北之鱼山。

《陈思王植传》:"遗令薄葬。……初,植登鱼山,临东阿,喟然有终焉之心,遂营为墓。"

卢弼《三国志集解》曰:"《寰宇记》卷十三:鱼山一名吾山,曹植葬其西,亦其所封之国也。周围十二里。《方舆纪要》卷三十三:鱼山在东阿县西北八里,一名吾山。《史记·河渠书·瓠子歌》:'吾山平兮钜野溢。'徐广曰:东阿县鱼山也。今山在大清河西,盐舟自泺口来者,俱泊于此。《名胜志》:曹子建墓在开封通许县之七里冈。成化九年大水,墓崩二穴,居民入视,隧表碣曰子建墓。杭世骏曰:植曾徙封雍丘王,雍丘今之杞县,距通许四十里而近,岂植真葬斯地邪?弼按:此说与鱼山营墓之事不合,与《寰宇记》亦异。蒋超伯曰:东阿县西八里鱼山陈思王墓,旁有隋开皇十三年所制碑,其铭曰:分珪作瑞,建国开壃,蕙楼兰阁,远迈灵光。"按:

隋开皇十三年所制《陈思王庙碑》，严可均收入《全隋文》卷二十九。

子曹志嗣，徙为济北王。累增邑，并前九百九十户。

《陈思王植传》裴注引《志别传》曰："志字允恭，好学有才行。晋武帝为中抚军，迎常道乡公于邺，志夜与帝相见，帝与语，从暮至旦，甚器之。及受禅，改封鄄城公。发诏以志为乐平太守，历章武、赵郡，迁散骑常侍、国子博士，后转博士祭酒。及齐王攸当之藩，下礼官议崇锡之典，志叹曰：'安有如此之才，如此之亲，而不得树本助化，而远出海隅者乎？'乃建议以谏，辞旨甚切。帝大怒，免志官。后复为散骑常侍。志遭母忧，居丧尽哀，因得疾病，喜怒失常，太康九年卒，谥曰定公。"

《晋书·曹志传》曰："曹志，字允恭，谯国谯人，魏陈思王植之孽子也。少好学，以才行称，夷简有大度，兼善骑射。植曰：'此保家主也。'立以为嗣。"

明帝景初中，诏削除黄初中诸奏植罪状，撰录前后所著凡百余篇，副藏内外。

《陈思王植传》："景初中诏曰：'陈思王昔虽有过失，既克己慎行，以补前阙，且自少至终，篇籍不离于手，诚难能也。其收黄初中诸奏植罪状，公卿已下议尚书、秘书、中书三府、大鸿胪者皆削除之。撰录植前后所著赋、颂、诗、铭、杂论凡百余篇，副藏内外。'"

关于曹植的著作，《隋书·经籍志》载有《魏陈思王曹植集》三十卷。《旧唐书·经籍志》载有《魏陈思王集》二十卷及《魏陈思王集》三十卷两种。《新唐书》所载同。

至南宋晁公武《郡斋读书志》著录《曹植集》十卷，并按曰："《魏志》：景初中撰录植所著赋、颂、诗、铭、杂论凡百余篇。《隋志》植集三十卷，《唐志》植集二十卷。今集十卷。比隋唐本有亡逸者。而诗文二百篇，反溢于本传所载，不晓其故。"

稍后陈振孙《直斋书录解题》曰："《陈思王集》二十卷。魏陈王曹植子建撰，卷数与前志合。其间亦有采取《太平御览》、《书钞》、《类聚》诸书中所有者，意皆后人附益。然则亦非当时全书矣。其间或引挚虞《流别集》。此书国初已亡，犹是唐人旧传也。"

《四库全书总目提要》曰："《曹子建集》十卷，魏曹植撰。按《魏志》植本传：景初中撰录植所著赋、颂、诗、铭、杂论凡百余篇，副藏内外。《隋书·经籍志》载《陈思王集》三十卷。《唐书·艺文志》作二十卷，然复曰又三十卷。盖三十卷者，隋时旧本；二十卷者，为后来合并重编，实无两集。郑樵作《通志略》，亦并载二本。焦竑作《国史经籍志》，遂合二本卷数为一，称植集为五十卷，谬之甚矣。陈振孙《书录解题》亦作二十卷。然振孙谓其间颇有采取《太平御览》、《书钞》、《类聚》中所有者。则捃摭而成，已非唐时二十卷之旧。《文献通考》作十卷，又并非陈氏著录之旧。此本目录后有嘉定六年癸酉字，犹从宋宁宗时本翻雕，盖即《通考》所载也。凡赋四十四篇，诗七十四篇，杂文九十二篇，合计之得二百十篇。较《魏志》所称百余篇者，其数转溢。然残篇断句，错出其间，如《鹞雀》、《蝙蝠》二赋，均采自《艺文类聚》。《艺文类聚》之例，皆标某人某文曰云云，编是集者，遂以曰字为正文，连于赋之首句，殊为失考。又《七哀诗》晋人采以入乐，增减其词，以就音律。见《宋书·乐志》

中。此不载其本词而载其入乐之本，亦为舛谬。《弃妇篇》见《玉台新咏》，亦见《太平御览》。《镜铭》八字，反覆颠倒，皆叶韵成文，实为回文之祖。见《艺文类聚》。皆弃不载。而《善哉行》一篇，诸本皆作古辞，乃误为植作，不知其下所载'当来日大难'，即当此篇也。使此为植作，将自作之而自拟之乎？至于《王宋妻诗》，《艺文类聚》作魏文帝，邢凯《坦斋通编》据旧本《玉台新咏》称为植作，今本《玉台新咏》又作王宋自赋之诗，则众说异同，亦宜附载以备参考，乃竟遗漏，亦为疏略，不得谓之善本。然唐以前旧本既佚，后来刻植集者，率以是编为祖，别无更古于斯者。录而存之，亦不得已而思其次也。"

姚振宗《三国艺文志》按："陈思王文章有前后录。景初诏撰称前后所著百余篇，亦似指前录后录而言。除前录自定七十八篇，后录当二十余。疑前录三十卷，后录二十卷。隋时但有前录，唐代乃前后录并出。《通志略》以三十卷在前，二十卷列后，似亦以为前录后录，所以别于《唐志》之颠倒欤？然是否即景初原本，不可知已。"

卢弼《三国志集解》引胡玉缙曰："植自定前录七十八篇，有见文；后录定否，不可知。景初中，诏撰植前后所著，前后犹先后耳，各为一事。否则前录七十八篇为三十卷，后录二十余篇为二十卷，不应后录俱系长篇文字。况业经诏撰，讵有仍其所自定者。以此知《通志略》所载两本，非景初本；其三十卷本，非自定前录。《唐志》先二十后三十，亦无所谓颠倒也。姚说殊嫌牵合傅会。"按：胡玉缙说是。若依姚说，则植于建安二十一年定前录时，已有文七十八篇，时植二十五岁。而在其二十五至四十一岁去世时，仅有文二十余篇，这有悖常理，故不取。

又景初中，"撰录植前后所著赋、颂、诗、铭、杂论凡百余篇，副藏内外"，此"百余篇"应是选录。植《前录自序》曰："余少而好赋……所著繁多。虽触类而作，然芜秽者众，故删定、别撰为前录七十八篇。"则《前录》七十八篇亦为删定之本。景初中诏称植"自少至终，篇籍不离于手"，则其后期所作当亦不在少数。故景初中所言"凡百余篇"，亦当为选录之本，非似今之《全集》也。

又《晋书·曹志传》载，曹志说《六代论》非其父作，所以托名其父者，"以先王文高名著，欲令书传于后，是以假托"。按：若言《六代论》的作者曹冏假托，并非事实。因《六代论》明曰："汉氏奉天，禅位大魏。大魏之兴，于今二十有四年矣。"可知《六代论》作于齐王芳正始四年(243)，距曹植之卒已十有一年。且曹冏有《上〈六代论〉书》，益见冏非托名也。然曹志所言托名之事，时人恐亦不免。由是可知，今之《曹子建集》，亦难免有误入之文。且植集多有后人补辑，亦当有曹植自己及景初中编录者删除之文，且断简残章，充斥其间，故其数已远超百余篇之数，这也是难以避免的。

《隋书·经籍志》又著录有《列女传颂》一卷，又见《新唐书·艺文志》。《文选·石阙铭》注也引有《列女传颂》。《初学记》卷十引有《母仪颂》《贤明颂》，当为《列女传颂》之文。今均收入曹集中。

又《隋书·经籍志》还收有《画赞》五卷，其曰："汉明帝殿阁画，魏陈思王赞。梁五十卷。"姚振宗《三国艺文志》曰："曹植《画赞传》五卷。"并云："唐张彦远《历代名画记》曰：'汉明帝画宫图五十卷，第一起庖牺，五十杂画赞。汉明帝雅好画图，别立画官，诏博洽之士班固、贾逵辈取诸经史事，命尚方画工图画，谓之画赞。至陈思王曹植为赞传。'"姚氏又按曰："按为赞传者，赞后而系以小传，如《华阳国志》诸郡士女赞之体。"按：张彦远说植作"赞传"，与《隋志》所云异，未知张氏何所据。今传庖牺等赞，与《隋志》所云作"赞"合，此外未见有"赞传"之文。

又侯康《补三国艺文志》所云曹植《飞龙篇》，姚振宗《三国艺文志》之《陈思王植鼙舞歌》五篇，今均在植集中。

又植有谜语之作，今不传。《文心雕龙·谐隐》曰："自魏代以来，颇非俳优；而群子嘲隐，化为谜语。谜也者，回互其辞，使昏迷也。或体目文字，或图象品物，纤巧以弄思，浅察以衔辞。义欲婉而正，辞欲隐而显。荀卿《蚕赋》，已兆其体。至魏文、陈思，约而密之。高贵乡公，博举品物，虽有小巧，用乖远大。"

又《隋书·经籍志》有孙壑注《洛神赋》一卷。

又植尝自撰目录一篇。《晋书·曹志传》："帝尝阅《六代论》，问志曰：'是卿先王所作耶？'志对曰：'先王有手所作目录，请归寻案。'还奏曰：'案录无此。'"

植之文章，与父操、兄丕，世称"三曹"。同时又有孔融、陈琳、王粲、徐幹、阮瑀、应场和刘桢七人，世称"建安七子"。以三曹、七子为主，构成一代文风——建安文学。而曹植更是建安文学中之佼佼者。钟嵘《诗品》称其为"建安之杰"，实当之无愧。

参用书刊文献

（汉）司马迁：《史记》，北京，中华书局，1982。

（汉）班固：《汉书》，北京，中华书局，1983。

（南朝）宋·范晔撰，（唐）李贤等注：《后汉书》，北京，中华书局，1982。

（晋）陈寿撰，（南朝）宋·裴松之注：《三国志》，北京，中华书局，1982。

（清）卢弼集解：《三国志集解》，北京，古籍出版社，1957。

（清）潘眉考证：《三国志考证》，清光绪十五年广雅书局刊本。

（唐）房玄龄等撰：《晋书》，北京，中华书局，1974.

（梁）沈约撰：《宋书》，北京，中华书局，1983。

（唐）魏徵等撰：《隋书》，北京，中华书局，1982。

（后晋）刘昫等撰：《旧唐书》，北京，中华书局，1975。

（宋）欧阳修等撰：《新唐书》，北京，中华书局，1975。

（宋）司马光撰，（元）胡三省音注：《资治通鉴》，北京，中华书局，1956。

　　（清）钱大昕撰：《廿二史考异》，北京，商务印书馆，1958。

　　俞绍初：《曹植年谱》，见《郑州大学学报（人文科学）》，1963。

　　张可礼：《三曹年谱》，济南，齐鲁书社，1983。

　　赵幼文：《曹植年表》，见《曹植集校注》，北京，人民文学出版社，1984。

　　俞绍初：《王粲年谱》，见《王粲集》，北京，中华书局，1980。

　　（唐）李吉甫撰：《元和郡县图志》，北京，中华书局，1983。

　　（宋）乐史撰：《太平寰宇记》，清光绪八年金陵书局刻本。

　　（汉）桑钦撰，（后魏）郦道元注：《水经注》，北京，商务印书馆，1958。

　　（元）马端临撰：《文献通考》，北京，商务印书馆"十通"本，1936。

　　（宋）晁公武撰：《郡斋读书志》，清光绪十年长沙王氏刊本。

　　（宋）陈振孙撰：《直斋书录解题》，上海，上海古籍出版社，1987。

　　（清）永瑢、纪昀等编修：《四库全书总目》，北京，中华书局，1965。

　　（清）姚振宗撰：《三国艺文志》，适园丛书本。

　　（清）侯康撰：《补三国艺文志》，二十五史补编本。

　　（三国）徐幹撰：《中论》，上海，上海古籍出版社影印本，1990。

　　（晋）葛洪撰：《抱朴子》，诸子集成本。

　　（晋）傅玄撰：《傅子》，上海，上海古籍出版社影印本，1990。

　　（唐）释瞿昙悉达撰：《大唐开元占经》，清恒德堂重刻本。

　　（唐）张彦远撰：《历代名画记》，丛书集成初编本。

（唐）张怀瓘撰：《书断》，四库全书本。

（唐）张彦远撰：《法书要录》，四库全书本。

（前秦）王嘉撰、（梁）萧绮录：《拾遗记》，四库全书本。

（南朝宋）刘义庆撰、（南朝梁）刘孝标注：《世说新语》，北京，中华书局重印诸子集成本，1954。

（晋）崔豹撰：《古今注》，丛书集成初编本。

（唐）苏鹗撰：《苏氏演义》，丛书集成初编本。

（清）何焯撰：《义门读书记》，北京，中华书局，1987。

（唐）虞世南撰：《北堂书钞》，南海孔氏三十有三万卷堂校注重刊本。

（唐）欧阳询撰，汪绍楹校：《艺文类聚》，上海，上海古籍出版社，1982。

（唐）徐坚等撰：《初学记》，北京，中华书局，1962。

（宋）李昉等撰：《太平御览》，北京，中华书局缩印《四部丛刊三编》影宋本，1960。

（宋）李昉等撰：《太平广记》，北京，中华书局，1961。

（宋）王应麟撰：《玉海》，扬州，广陵书社影印本，2003。

（梁）萧统编，（唐）李善注：《文选》，北京，中华书局影印本，1977。

（清）胡克家撰：《文选考异》，见《文选》，北京，中华书局，1977。

（元）刘履撰：《选诗补注》，刻本（刘盼遂师原藏书）。

（陈）徐陵辑、（清）吴兆宜注：《玉台新咏》，四部备要本。

（宋）章樵注：《古文苑》，四部丛刊简编本。

（宋）郭茂倩辑：《乐府诗集》，四部丛刊简编本。

（清）严可均校辑：《全上古三代秦汉三国六朝文》，北京，中华书局据王毓藻刊本断句影印，1958。

（清）吴淇撰：《六朝选诗定论》，清康熙刻本。

（清）丁福保辑：《全汉三国晋南北朝诗》，北京，中华书局，1959。

逯钦立辑校：《先秦汉魏晋南北朝诗》，北京，中华书局，1982。

吴云主编：《建安七子集校注》（修订版），天津，天津古籍出版社，2005。

余冠英选注：《三曹诗选》，北京，人民文学出版社，1979。

（明）张溥辑：《曹子建集》，汉魏六朝百三家集本。

（清）丁晏撰：《曹集铨评》，扫叶山房影印本。

（清）朱绪曾撰：《曹集考异》，金陵丛书本。

古直撰：《曹子建诗笺》，层冰草堂丛书本。

黄节注：《曹子建诗注》，北京，人民文学出版社，1957。

赵幼文校注：《曹植集校注》，北京，人民文学出版社，1984。

俞绍初校点：《王粲集》，北京，中华书局，1980。

（梁）刘勰撰，范文澜注：《文心雕龙注》，北京，人民文学出版社，1962。

（梁）钟嵘撰，陈延杰注：《诗品注》，北京，人民文学出版社，1962。

（晋）挚虞撰：《文章流别论》，见严可均《全晋文》卷七十七。

杨树达：《积微居小学金石论丛》（增订本），北京，中华书局，1983。

徐公持：《曹植诗歌的写作年代问题》，见《文史》第 6 辑，北京，中华书局，1979。

徐公持：《曹植生平八考》，见《文史》第 10 辑，北京，中华书局，1980。

俞绍初：《曹植生平若干事迹考辨》，载《郑州大学学报》，1982(3)。

张亚新：《〈泰山梁甫行〉应是曹植前期作品》，载《贵州社会科学》，1982(1)。

祝鼎民：《曹植〈登台赋〉、〈名都篇〉作年探索》，载《北京师范大学学报》，1990 年"文史论考"专刊。

略说曹丕、曹植的排行

　　历史人物的排行，好像是无关宏旨的小事，因而大家也容易忽略。但若对于某个人物，都因疏忽而致误，也就有了讨论的必要，曹丕、曹植的排行就是这样。

　　关于曹丕、曹植的排行，研究者一般认为曹丕是曹操的次子[①]，也有说是长子的[②]。曹植因为不太好定，一般只说是曹操子或曹丕弟，这倒是慎重的态度。但也有相当一部分有影响的著述说他是曹操三子的[③]，也有说他是曹操四子的[④]，更有误作二子的[⑤]。说曹丕是长子、曹植是三子的，显然忽略了史有明文记载曹操有长子曹昂这一点，只是根据《三国志·魏书·武文世王公传》的排列顺序，却没有注意到本篇传记是以曹操妻妾的地位为序的，不足据以排行。这在裴松之注《三国志》时已明确指出："此传以母贵贱为次，不计兄弟之年，故楚王彪年虽大，传在于后。"那么，说曹丕是次子，曹植是四子对不对呢？这也是有问题的。我们根据历史记载，试把曹操的二十五个儿子尽可能排一下队，可以确认有可能比曹丕、曹植年长的有下列几人。

曹昂，字子修，是曹操的长子，为曹操与刘夫人所生。据《卞后传》注引《魏略》说："太祖（曹操）始有丁夫人，又刘夫人生子修及清河长公主。刘早终，丁养子修。"《卞后传》又说："建安初，丁夫人废，遂以后（指卞夫人）为继室。"可知曹昂为刘夫人所生，由丁夫人抚养长大，是曹操的长子。《资治通鉴》献帝二十二年也说："初，魏王操娶丁夫人，无子；姜刘氏，生子昂。"又据《武帝纪》载，建安二年（197），曹操征张绣，绣降而复反，操"长子昂、弟子安民遇害"。曹丕《典论·自叙》也说："亡兄孝廉子修，从兄安民遇害。"我们又从《武文世王公传》中知道，曹昂"弱冠举孝廉。随太祖南征，为张绣所害。"古时男子二十岁行冠礼，因而"弱冠"就指二十岁左右。我们从史料中的行文和曹丕称为"孝廉子修"来看，曹昂死时也就二十岁左右。由此上推，他应该生于汉灵帝光和元年（178）上下，时曹操二十四岁左右。

曹均，大概是曹操的次子。他是曹操的妾周姬所生的。据史载：建安四年（199），张绣再一次投降曹操。《张绣传》说："绣至，太祖执其手，与欢宴。为子均娶绣女。"曹均在建安四年能娶张绣之女，应该是成年人了。固然，汉时有早婚的习俗，如《汉书·王吉传》说："世俗嫁娶太早，未知为人父母之道而有子，是以教化不明，而民多夭。"据杨树达《汉代婚丧礼俗考》考证，汉时最早结婚年龄男有十五岁的，如汉灵帝刘宏，汉献帝刘协；有十六岁的，如戾太子刘据、汉桓帝刘志，但曹家并不如此。我们看曹操生长子曹昂时年已二十四岁左右，曹丕娶甄氏时年十八岁⑥，曹植亦大致在二十一岁结婚⑦。曹操为曹均娶亲，当亦不至太早。就算曹均十八岁娶张绣女，他也比曹丕年长，因为建安四年时曹丕只有十三岁。这样推算起来，曹均大约生于汉灵帝光和五年（182）左右。

曹铄，是曹昂的同母弟，同为刘夫人所生。《武文世王公传》说："刘夫人生丰愍王昂、相殇王铄。"这是就儿子来说的。据《卞后传》注引《魏略》说，刘夫人还生有一个女儿清河长公主，但未提及早夭的曹铄。《魏略》又说，刘夫人早死，丁夫人抚养曹昂成人。刘夫人死于何年，史无明文记载。但我们看曹昂在建安二年死后，丁夫人"哭泣无节"，曹操"忿之遣归家"。丁夫人被遣归家，当即在建安二三年间。她对曹昂有那么强烈的母子感情，应该是抚养曹昂从小成长的缘故。那么，刘夫人应该在曹昂幼年时就去世了。作为曹昂胞弟的曹铄，就不会和曹昂的年岁相差太大。倘若他们中间隔了个清河长公主，相差六岁，则曹铄大约生于汉灵帝中平元年（184）左右，他亦年长于曹丕。倘若他是老二，与曹昂相差二三岁，则他就比曹均还年长了。

曹子乘、曹子整，他们二人都是曹操的妾李姬所生的。《武文世王公传》说："李姬生穀城殇公子乘、郿戴公子整、灵殇公子京。"其中老大曹子乘和老三曹子京早死，只有老二曹子整约略可知。若根据《武帝纪》，曹子乘和曹子整都有可能比曹丕年长。《武帝纪》说：建安八年（203）"冬十月，到黎阳，为子整与谭结婚"。⑧九年，"公遗谭书，责以负约，与之绝婚。女还，然后进军"。所谓"为子整与谭结婚"者，从建安九年"女还"看，"谭"字后当有一"女"字，故《资治通鉴》改为："操知谭诈，乃为子整聘谭女以安之。"这就清楚了。由此可推知，建安八年与袁谭女结婚的曹子整，其年齿或长于曹丕。因为那年曹丕刚十七岁。作为曹子整同母兄的曹子乘，虽早已亡故，但仍然年长于丕是不能改变的。

不过，曹植有篇《释思赋》却启人疑窦。其序中说："家弟出养族父郎中伊，予以兄弟之爱，心有恋然，作此赋以赠之。""家弟"是谁，没有明言。据《武文世王公传》，在曹操二十五个儿子中，只有曹子整、曹均、曹徽三人分别过继给了叔父或从叔父，而且只有"郿戴公子整，奉从叔父郎中绍后"的记载最为近之，故清代丁晏在《曹集铨评》中即引此以实之。那么，"家弟"就是曹子整；作为"族父郎中"的曹伊，就是曹绍的另一名字。今人赵幼文《曹植集校注》认为"伊"是发语词，当连下读，句作"伊予以兄弟之爱"，这是另一种解读。不过，他们都把"家弟"指认为曹子整，则曹子整就成了曹植的异母弟，这与我们上面所说的不同。我们再进一步看，曹植在建安八年曹子整结婚时，他才是个十二岁的少年，作为异母弟的曹子整，最大也不会超过十二岁，何能结婚呢？所以，《释思赋》中所说的"家弟"，可能是另一个人，在没有确凿的证据以前，我们也只能存疑了。

再往下就该曹丕了。据《文帝纪》载：曹丕"中平四年冬生于谯"，也就是187年。曹丕是卞夫人的长子。《卞后传》载曹丕被立为太子时，卞后曾说："以丕年大，故用为嗣。"曹丕于建安二十二年（217）被立为太子，这时曹昂、曹铄、曹子乘已死，活着的曹均、曹子整是庶出，又已过继给了叔父和从叔父，所以就是曹丕"年大"了。

再往下是曹彰，就是被曹操赞为黄须儿的，他和曹丕、曹植都是卞夫人所生。在《任城陈萧王传》和《武文世王公传》中都把曹彰排在曹植前面，他是卞夫人生的第二个儿子。

再往下是曹子上。据《武文世王公传》说："孙姬生临邑殇公子上、楚王彪、刚殇公子勤。"其中楚王彪于嘉平元年（249）自杀，从《朱建平传》知他死时年五十七，则应生于汉献帝初平四年（193），则他早亡的胞兄曹子上约生于献帝初平二年（191），大约比曹植早生一年。

然后才是曹植。据《陈思王植传》，他死在太和六年（232），年四十一，推知生于汉献帝初平三年，即公元192年。他是卞夫人所生的第三个儿子。

曹操的其他儿子除少数几位还不太清楚外，可知的都比曹植为小，我们在这里就不再一一考索了。

由此看来，曹丕不是曹操的次子，曹植也不是曹操的四子，这点是可以肯定的。但在没有足够的证据考定他们的排行以前，我们赞成不给排行，只说是曹操子或曹丕弟就可以了。或者像《中国大百科全书·中国文学卷》所说的：曹丕，"他是曹操之妻卞氏所生长子"；曹植"他是曹操之妻卞氏所生第三子"。因为不排行在一般情况下无关宏旨，排错了反而有悖史实了。

［注释］

①见郭沫若《历史人物·论曹植》（新文艺出版社1951年版）、《辞海》（上海辞书出版社1979年版及2009年彩图本）、《辞源》（商务印书馆1980及1988年版）、《中国文学家大辞典·先秦汉晋南北朝卷》（中华书局1996年版）、《中国文学大辞典》（上海辞书出版社1997年版）等。

②见旧版《辞海》（中华书局1948年版）。

③见旧版《辞海》及新版《辞海·文学分册》（合订本改为"曹操子"，

不排行）、《辞源》（版本同上，下相同书名版本略）、《中国文学大辞典》等。

④见郭沫若《历史人物·论曹植》、《中国文学家大辞典·先秦汉魏晋南北朝卷》、赵幼文《曹植集校注》附录《曹植年表》（人民文学出版社1984年版）等。

⑤见《曹集铨评》出版说明（文学古籍刊行社1957年版）。

⑥曹丕生于公元187年，至公元204年，曹操破邺，丕娶甄氏，时年十八。

⑦据曹植《金瓠哀辞》序曰："金瓠，予之首女……生十九旬而夭折。"又《行女哀辞》序曰："行女生于季秋而终于首夏。三年之中，二子频丧。"又据《文选》谢灵运《拟魏太子邺中诗》李善注引《行女哀辞》有"家王征蜀汉"之句，朱绪曾《曹子建年谱》据此系《行女哀辞》作于建安二十年（215），可从。由此可推知长女金瓠应生、卒于建安十八年（213），时曹植二十二岁。那么，曹植的婚年大约在他二十一岁时。

⑧《三国志》裴注在此按："绍死至此，过周五月耳。谭虽出后其伯，不为绍服三年，而于再期之内以行吉礼，悖矣。魏武或以权宜与之约言；今云结婚，未必便以此年成礼。"其说颇似有理。但魏武乃不以常理行事之人，况下文有"女还，然后进军"之说，可见袁谭之女婚后已身在曹营了，故这里未从裴说。

附录二 ｜ 曹植《登台赋》《名都篇》作年探索①

曹植的名作《登台赋》和《名都篇》的作年，一则好像已有结论，一则仍然茫无头绪，本文就拟对它们的作年作些探索，以就教于方家。

先说《登台赋》，它也称《铜雀台赋》，一般被说成是曹植十余岁时或十九岁时的作品，其中尤以十九岁时所作说占优势，其实这是可以研究的。这些结论的依据，都是《陈思王植传》中有这么一段记载：

> 年十岁余，诵读诗、论及辞赋数十万言，善属文。太祖尝视其文，谓植曰："汝倩人邪？"植

① 原载《北京师范大学学报》"文史论考"专刊，1990。

> 跪曰:"言出为论,下笔成章,顾当面试,奈何倩人?"时邺铜爵台
> 新成,太祖悉将诸子登台,使各为赋。植援笔立成,可观,太祖甚
> 异之。

这段话,有人把"年十岁余"贯串到下句的"太祖尝视其文",就说《登台赋》是曹植十余岁的作品,他们好像连下面的"时邺铜爵台新成"都没有来得及考察,就匆匆下了结论。有人按《登台赋》依"铜爵台新成"而作,且《武帝纪》中有建安十五年(210)"冬,作铜雀台"的史实,就得出《登台赋》是建安十五年的作品。那时曹植十九岁,故把《登台赋》说成是曹植十九岁时的作品了。

其实,这段话记载的是两个时段的事。前句总说曹植年十岁余时就诵读了诗、论及辞赋数十万言,已善属文了。下句"太祖尝视其文"是指铜雀台新成时的事,与上句"年十岁余"的时间无关,不能混而为一。

清人朱绪曾在《曹集考异》卷三中有一段对《登台赋》作年的考订,他说:

> 陈寿《魏书·陈思王传》云……(太祖)"尝视其文",盖蓄疑已非
> 一日,非谓十岁余赋铜爵台也。《艺文类聚》居处部文帝《登台赋
> 序》:"建安十七年春游西园,登铜雀台,命余兄弟并作。"子建作赋
> 正在此年。《武帝记》云:建安十五年冬建铜雀台。及十七年春,仅
> 十余月耳,故云"新成"。子建生初平三年,是时二十一岁。后人误
> 读本传,谓十岁余作《铜雀台赋》,非也。班叔皮年二十作《西征
> 赋》,王文考二十一作《鲁灵光殿赋》,陆机二十作《文赋》,古人皆

以为少隽，岂二十一遂不足道乎！如谓十岁余，则建安六、七年，邺地属袁绍，未闻绍建铜雀台，魏武将诸子而登之也。或谓子建前此无赋乎？考《类聚》杂文部，子建自撰《文章序》云：余少而好赋，删定撰为前录七十八篇。盖十岁余已善属文，若《登台赋》则作于十七年无疑也。

我们认为，朱绪曾考定《登台赋》的写作时间是对的，但为什么很少有人采用这一研究成果呢？原因是多方面的，其中有一条恐怕是朱氏的论证还不够周密，因为他着重在外证上作考证，没有从《登台赋》中找出内证，这是一。也因为他错解了《武帝纪》记载的始作铜雀台之年为修成之年，其解释"铜雀台新成"也不能让人完全信从，这是二。我们现在就上述两个问题加以补说。

先从《登台赋》本身看，它不应作于建安十五年冬。持建安十五年说的人往往忽略了赋中这几句描写：

> 临漳川之长流兮，望众果之滋荣。仰春风之和穆兮，听百鸟之悲鸣。

若《登台赋》真的作于建安十五年，那就应该写冬景，因建安十五年冬才建铜雀台，冬天何来众果滋荣、春风和穆的景色？可见曹植《登台赋》应作于建安十五年以后。而曹丕《登台赋》序所说的"建安十七年春，游西园，登铜雀台，命余兄弟并作"，正与《陈思王植传》中说的"时邺铜爵台新成，太祖悉将诸子登台，使各为赋"的记载同。曹丕序中称"春"而植赋又是春景，这两篇《登台赋》为同时所作无疑了。

那么，怎样理解《武帝纪》中记载的建安十五年冬作（建）铜雀台呢？这就涉及第二个问题了。我们认为铜雀台在建安十五年冬是始建之年，而非竣工之日。我们且看《三国志》，它记载某年月作或营某工程，一般是指动工的年月而非完成的时日，今录一些显明的记载以作佐证。

建安"十三年春正月，公还邺，作玄武池以肄舟师"。谓曹操还邺以后作玄武池，非谓玄武池已成也。

青龙三年（235）七月，"洛阳崇华殿灾"。八月"丁巳，行还洛阳宫。命有司复崇华，改名九龙殿"。

景初元年（237）冬十月"乙卯，营洛阳南委粟山为圜丘。十二月壬子冬至，始祀"。

这些记载，从上下文看，都记的是该工程起始的年月。还有一些大规模的建筑工程，《三国志》记载它起始之期时标明"初营"，后面有完成的年月或结果与之相呼应，如首都洛阳的宫殿建筑，在文帝曹丕黄初元年（220）十二月记载"初营洛阳宫"。二年记载"是岁筑陵云台"，三年载"是岁穿灵芝池"，七年"三月，筑九华台"。明帝曹叡青龙三年载"是时，大治洛阳宫，起昭阳、太极殿，筑总章观"。至齐王曹芳立，"诸所兴作宫室之役，皆以遗诏罢之"。

我们再看铜雀台的规模，据《水经注·浊漳水》载："城之西北有三台，皆因城为之基。巍然崇举，其高若山。……中曰铜雀台，高十丈，有屋百一间。"这么大规模的建筑，怎能不费时日？所以我们说建安十七年春铜雀台才建成，历时一年有余。待到建安十八年九月，又动工兴建金虎台、冰井台了。邺都有名的三台就这么相继完成了。

据《武帝纪》，曹操在建安十六年七月西征韩遂、马超等部，平定关中，至十七年正月，得胜回邺。"天子命公赞拜不名，入朝不趋，剑履上殿，如萧和故事"。曹操在军事胜利之暇，又值邺都铜雀台新成，他就带领诸子登台，使各为赋。曹植赋中说的："扬仁化于宇内兮，尽肃恭于上京。虽桓文之为盛兮，岂足方乎圣明。休矣美矣，惠泽远扬。翼佐我皇家兮，宁彼四方。同天地之矩量兮，齐日月之辉光。永贵尊而无极兮，等年寿于东王。"也就包含了对这次西征成功的颂扬。所以我们说，曹植的《登台赋》应作于建安十七年春，那时曹植二十一岁，这应该是没有疑问的。

比起《登台赋》来，《名都篇》写作年代的确定就复杂得多了。对《名都篇》写作时间的推定，应该将《名都篇》的主旨、作者的生活和思想紧密联系在一起。后人因为对《名都篇》有不同的理解，就产生了不同的创作时间的说法。

有一种意见，我们姑且称它为自我游乐说。唐代大诗人李白在《将进酒》中高唱"陈王昔时宴平乐，斗酒十千恣欢谑"。他把《名都篇》作为曹植生活的自我写照。其后，清代王尧衢在《古唐诗合解》中说："此言游玩之乐，骑射之巧也。子建怅功业之未建，故以驰逐燕饮为乐。……为乐已极，因叹白日西逝，难以挽留，今日且还城邑，明晨复来于此，勿负此光阴之迅速也。"

果真如此，本诗就应该是曹植在建安时期的作品了。这与历史记载他在建安时期"任性而行，不自雕励，饮酒不节""醉不能受命"是一致的。这也正如他自己在《与吴质书》中说的"愿举泰山以为肉，倾东海以为酒。伐云梦之竹以为笛，斩泗滨之梓以为筝。食若填巨壑，饮若灌漏

厄"的精神是相通的。他在不少诗中反复写着:"公子爱敬客,终宴不知
疲。"(《公宴》)"清醴盈金觞,肴馔纵横陈。齐人进奇乐,歌者出西秦。"
(《侍太子坐》)"嘉宾填城阙,丰膳出中厨。吾与二三子,曲宴此城隅。
秦筝发西气,齐瑟扬东讴。肴来不虚归,觞至反无余。"(《箜篌引》)这确
实可说是他生活写照的明证。到了曹丕称帝以后,他不断受到曹丕、曹
叡父子的迫害,"每四节之会,块然独处,左右唯仆隶,所对惟妻子。
高谈无所与陈,发义无所与展,未尝不闻乐而抚心,临觞而叹息也"。
(《求通亲亲表》)过着"连遇瘠土,衣食不继"(《迁都赋序》),甚至像转蓬
一样,"飘飖周八泽,连翩历五山,流转无恒处,谁知吾苦艰"(《吁嗟
篇》)的生活,再也没有过那种放任不羁的贵公子生活的物质基础了。但
这种解释却违背了诗人写作《名都篇》的本意;同时,也与建安时期洛阳
的残破景象不相符合。关于这方面的情况,我们将在下面再谈。

与这一说法不同的是唐妆谔、吴淇等人的感愤牢骚说。唐妆谔谓
"子建自负其才,思树勋业,而为文帝所忌,抑郁不得伸,故感愤赋
此。"吴淇在《六朝选诗定论》中说:"于名都中,只出得一少年。于少年
中,只出得两件事:一曰驰骋,一曰饮宴。却说中间一事不了又一事,
一日不了又一日。只是一片牢骚抑郁,借以消遣岁月,如狮在笼中,一
片雄心无有泄处,只是弄球度日。其自效之意,可谓深切著明矣。"细玩
诗意,他们的说法也不甚妥帖,诗中表达的感情,也不似感愤、牢骚的
语句。同时,照这样说,《名都篇》应该是黄初或黄初以后的作品,其时
曹植已失去了建安时期优裕的生活条件,不得不借游乐来消磨岁月了。

自唐代张铣在《文选》注中提出讽刺说后,得到了后代不少人的赞同
与引用。他说:"名都,邯郸、临淄之类也。……刺时人骑射之妙,游

骋之乐，而忘忧国之心。"其后元刘履在《选诗补注》中也认为："子建见京城之士女佩服盛丽，相与游戏于郭外，而骋其射艺之精，极其宴妓之乐，惟日不足，不自知其为非，故赋此以刺之也。"

笔者认为，这一说法是符合诗中实际的。它首先把曹植与诗中的洛阳少年区别开来。《名都篇》绝大部分篇幅是铺陈洛阳少年的驰骋、宴乐，最后四句才含蓄地对这种游乐生活浪费宝贵的青春作了委婉的讽刺。这种前部分铺陈，末了几句归结到正意的写作手法，在曹植的其他作品中也经常使用，如《箜篌引》《美女篇》等。这也是自枚乘《七发》以来汉赋的常用手法，这手法也习见于乐府诗歌中，也就是唐代诗人白居易的"卒章显其志"的表现方法。

既然《名都篇》是对贵族纨绔少年游乐生活的讽刺，而这种生活却也正是曹植在建安中所过的生活，那么，曹植在建安中能否产生讽刺自己的思想呢？我们说也有可能，而且他还确实提出过"节游"的意见。这有《节游赋》为证。这赋写在建安后期。赋中说："览宫宇之显丽，实大人之攸居。建三台于前处，飘飞陛以凌虚。""三台"指曹操在邺兴建的铜雀台、金虎台、冰井台。据《武帝纪》，铜雀台建于建安十五年，金虎台建于建安十八年。又据《太平御览》卷一百七十七引《魏志》，冰井台也在建安十八年修建。《节游赋》提到了三台，它就应该写在三台建成以后。赋中又说"实大人之攸居""亮灵后之所处"，这"大人""灵后"指曹操，当为曹操在世时的称呼。"灵后"也就是《车渠碗赋》中所称的"神后"。《车渠碗赋》也是曹操在世时所作。曹操去世后，曹植在作品中提到他时就称为先王、先帝、武皇帝、先武皇帝、皇考了。另外，赋中写的"浮素盖，御骅骝，命友生，携同俦，诵风人之所叹，遂驾言而出游"，此情此景，只能是曹植他们在建安时期的生活写照。所以我们说，这《节游赋》写于建安后期，地点在邺。赋中最后写道："愈志荡以淫游，非经国之大纲。"这与《名都篇》的"白日西南驰，光景不可攀"的意思是相同的。

但我们还认为《名都篇》不是建安时期的作品，因为诗中所写的游乐地点在洛阳，而洛阳在建安时期尚未修复，也不太可能出现像诗中所写的那种景象。

诗中所写的游乐地点是洛阳而非邺都，我们试看这样的句子：

"京洛出少年"。明确点明少年是在京城洛阳。

"长驱上南山"。这里的南山是指洛阳的南山。黄节《曹子建诗注》曾引潘尼《迎大驾诗》中的"南山郁岑崟，洛川迅且急"为证。

"归来宴平乐"。平乐指平乐观，在洛阳城西。张衡《东京赋》："其西则有平乐都场，示远之观。"薛综注："平乐，观名……在城西也。"《东京赋》就是写洛阳的。可知平乐观在洛阳城西。这平乐观到魏嘉平六年（254），还有魏主曹芳"于平乐观以临军过"的记载。（《三少帝纪》注引《世语》及《魏氏春秋》）

以上几处都足以说明诗中所写的游乐地点在京城洛阳。但这能否用修辞学上的借代，或是用典中的借字来解释，把这些地名都移到邺地呢？的确，这种现象在后代的作品中是经见不鲜的，但在建安时代，在曹植作品中，便是写他前期游宴的作品，也不避讳用邺地、邺名、邺景，如《公宴》诗中的"西园"，《芙蓉池》中的"芙蓉池"，《节游赋》中的"三台"等就是。《名都篇》中连用洛阳的地名、观名，更证明他写的是洛阳。

曹植说他的作品是"触类而作"（《前录自序》）。《名都篇》也是这样的作品。我们说，触发曹植写《名都篇》的应该是他在洛阳见到了那班贵族子弟不以国事为念，终日在斗鸡走马、驰射宴乐中虚度年华，因而触发了诗人的灵感，写《名都篇》加以讽刺。那么，本诗就应该与曹植在洛阳的生活有关，我们就可以从曹植一生的行踪来探讨他在洛阳的时间，以及适合写《名都篇》的洛阳的环境了。

洛阳，是东汉的都城，本是天下名都，但经董卓之乱，成了一片废墟。"悉烧宫庙、官府、居家，二百里内，室屋荡尽，无复鸡犬。"（《资治通鉴》卷五十九献帝初平元年）曹植在洛阳被烧前尚未出生，不及见到东汉都城洛阳的繁华。建安元年（196），汉献帝回洛阳，因当时"宫室烧尽"，所以"百官披荆棘，依墙壁间"，连官员们的住地都没有。汉献帝立足不住，又迁都到许。直到建安十六年，曹植二十岁，他随军征韩遂、马超。军过洛阳时，写了《送应氏》诗，其中写到的洛阳景象是："洛阳何寂寞，宫室尽烧焚。垣墙皆顿擗，荆棘上参天。……侧足无行迳，荒畴不复田……中野何萧条，千里无人烟。"大概写于同时的《洛阳赋》中也说："狐貉穴于紫闼兮，茅莠生于禁闱。"在这样的情况下，不可能出现《名都篇》中描写的那种贵族少年的游宴情况。

到建安二十三、二十四、二十五三年中，曹植从征刘备时又曾先后在洛阳居留过。曹操于建安二十三年七月领兵击刘备，曹丕留守邺，曹植随军西进，应经过洛阳。建安二十四年八月至十月间，关羽围曹仁，此时曹操已回军，先后从长安至洛阳。曹操曾派遣曹植领军救曹仁，因"呼有所敕戒，植醉不能受命，于是悔而罢之"（《陈思王植传》）。由此知曹植随曹操在军中。曹操于建安二十三年七月出兵，曹植亦应于此时从行。建安二十四年十月，曹操亲自带兵自洛阳南征关羽，会徐晃击破关羽军，故曹操在建安二十五年正月又回到洛阳。就在这年正月二十三日，曹操在洛阳病死。曹植也一直在曹操身边。据《任城威王彰传》裴注引《魏略》说："彰至（指由长安回至洛阳），谓临淄侯植曰"云云，这也是曹植当时在洛阳的明证。这几年的洛阳，也未见有修复的记载，恐怕还基本上是一个荒废了的古都，不至有《名都篇》描述的景象。所以我们说，《名都篇》大概不会写于建安中。

曹丕称帝后，于黄初元年（220）十二月"初营洛阳宫"，至十七日，迁都洛阳。（《文帝纪》）魏文帝曹丕定都洛阳后，不断经营洛阳，又据《文帝纪》载：黄初二年，筑陵云台。三年，穿灵芝池。五年，穿天渊池，等等。而曹植在这几年也不断返洛。黄初二年，曹植由临淄侯贬爵安乡侯，应在洛阳居留过。他的《求出猎表》说："臣自招罪衅，徙居京师，待罪南宫。"就应指的是这一次。黄初三年、四年，曹植也曾回洛阳，见《洛神赋》的"黄初三年，余朝京师"和《赠白马王彪》的"黄初四年五月，白马王、任城王与余俱朝京师"的记载。这时曹丕经营洛阳刚三四年，恐怕洛阳也还没有达到曹植诗中所描写的那种和平、安乐的生活环境。虽然不能绝对肯定没有写《名都篇》的可能，但这比起太和六年（232）的情况来，可能性又略小些。

自黄初四年后，曹植要到太和五年冬至六年初才再一次回到洛阳居住过一个时期。这次的返京，已是魏明帝曹叡的统治时期了。洛阳自定都以来，也已有十二三个年头了。这时的洛阳，应该是相对安定并颇具规模了。这次曹植争取回到洛阳，曹叡在表面上还颇亲近。既赐柰（见《谢赐柰表》），又赐食（见《谢明帝赐食表》），还让他周游洛阳的宫殿（见《谢周观表》）。曹植重返洛阳，旧地重游，应该是感慨系之的。他在《谢周观表》中说："诏使周观，初玩云盘，北观疏圃，遂步九华，神明特处，谲诡天然，诚可谓帝室皇居者矣！虽昆仑阆风之丽，文昌之居，不是过也。"

这次曹植到洛阳，居留时间比较长，自太和五年冬返洛，至太和六年二月还留在洛阳。据《资治通鉴》载：太和六年二月，明帝爱女曹淑死。又从《太平御览》卷五百九十六引明帝诏中，知曹叡从曹淑墓上还，作了篇《平原公主诔》，送给曹植过目。曹植有《答明帝诏表》，其中提到"楚王臣彪等闻臣为读，莫不挥涕"。可知二月时，曹植、曹彪等还同在洛阳。曹植对当时洛阳的社会风气，应该是亲眼目睹的。这时的社会风气怎么样呢？董昭在明帝太和六年曾上疏说："窃见当今年少，不复以学问为本，专更以交游为业；国士不以孝悌清修为首，乃以趋势游利为先。"(《董昭传》)作为皇帝的曹叡，这时虽还没有大兴土木，斗鸡台恐怕还未筑成，但斗鸡走马也是肯定有的。据《邺都故事》载：魏明帝太和中筑斗鸡台。建安时曹植与刘桢、应场等都有《斗鸡诗》。这时洛阳也肯定盛行斗鸡，或者在斗鸡台筑成前，在东郊斗鸡者多，故《名都篇》中说"斗鸡东郊道"了。再说"归来宴平乐"。平乐观原为汉明帝所建，从历史记载看，它常常是帝王耀兵讲武、出征饯送的地方，如《后汉书·何进传》载："于是乃诏进大发四方兵，讲武于平乐观。"又《邓骘传》载："凉部畔羌，摇荡西州，朝廷忧之。于是诏骘将左右羽林、北军五校士及诸部兵击之。车驾幸平乐观饯送。"直到北周王褒的《从军行》中，还说"讲戎平乐观"。而现在呢？成了贵族少年宴乐的地方。曹植的感慨是可想而知的了。从这宴游的地点看，可知曹植讽刺的不是一般少年，而是皇室子弟、贵族少年。曹植自黄初元年就国，几经迁徙，生活极不安定，又受监国使者的监视，行动处处受制。他空负报国之心，虽愿"身分蜀境，首悬吴阙"，但也不得起用。而这次在洛阳见到的贵族子弟们又是醉生梦死，空有绝艺，但只知斗鸡走马、寻欢作乐，这怎不使曹植感慨万分。但又因他处在被监视的地位，稍一不慎，就可能带来无妄之灾，所以他就采用了极委婉的讽刺办法，这是符合他那时的思想和所处的地位的。

综上所说，我们认为《名都篇》是曹植在洛阳的写实之作，其写作年代最大的可能是太和六年，它不太可能是建安中的作品。

〔附记〕

本文系十多年前旧作。近年出版的重要著作如陆侃如《中古文学系年》、张可礼《三曹年谱》、赵幼文《曹植集校注》已把《登台赋》系于建安十七年，即曹植二十一岁时。《曹植集校注》也疑《名都篇》"记录了太和入京之所见"。但限于著作体制等原因，他们或疑而未定，或未详作论述。本文从各方面作了考索，论述较详，可作此说之鼓吹。

附录三 | 曹植《白马篇》写作背景与素材探索

白马饰金羁，连翩西北驰。借问谁家子？幽并游侠儿。少小去乡邑，扬声沙漠垂。宿昔秉良弓，楛矢何参差。控弦破左的，右发摧月支。仰手接飞猱，俯身散马蹄。狡捷过猴猿，勇剽若豹螭。边城多警急，胡虏数迁移。羽檄从北来，厉马登高堤。长驱蹈匈奴，左顾陵鲜卑。弃身锋刃端，性命安可怀。父母且不顾，何言子与妻？名编壮士籍，不得中顾私。捐躯赴国难，视死忽如归。[1](五p.6)

上引曹植《白马篇》，又名《游侠篇》。全诗倾注了作者全部的热情，赞美了一位"长驱蹈匈奴，左顾陵鲜卑"的卫国英雄；颂扬了他公而忘私，捐躯赴难，视死如归的爱国主义精神。这种气壮山河的精神，像一颗彗星一样划破了东汉末年黑暗社会的长空，他纯洁的爱国精神像水晶一样晶莹透亮。即便我们今天读来，也深受感动。这绝不是泛泛之作，《白马篇》有着强烈的时代背景，也有着英雄的原型。本文就打算探索一下《白马篇》的创作背景和写作素材。

不少论者在分析《白马篇》时，往往综谈汉代北方强敌匈奴、乌丸（又作乌桓）、鲜卑对汉王朝北部边疆的侵扰，也就是把它放在汉代广阔的社会背景上来论述，这样分析，当然有他的道理，但我们总感到失之太泛。因为文学创作，特别是那些成功的诗歌名篇，总是由于外在世界的特定情势，点燃了诗人内心的激情而爆发出来的火光。这客观情势很重要，可以把它比作催化剂吧。人所共知，当这种催化剂与被触物有一定的时间或空间的距离时，起不了催化的作用。也就是说，倘若北方匈奴等的入侵时间，在曹植出生以前或在他不懂事的孩提时代，或者这一入侵在另一豪强如袁绍等的割据地区，它也不易直接起到催化作用。所以，我们就要研究在哪一时段匈奴、乌丸或鲜卑的入侵，对曹植创作《白马篇》起了直接的催化作用，也就是点燃了诗人创作的激情。

诚然，汉代北方部族入侵是很频繁的。先是匈奴，以后是乌丸、鲜卑。匈奴在汉末已衰弱，且对汉王朝已不构成实际的威胁。而继起者乌丸、鲜卑，就成了汉朝北方的强敌。曹植在《白马篇》中将匈奴、鲜卑并提，应该就是指乌丸了。

据《乌丸鲜卑传》说："乌丸、鲜卑稍更强盛，亦因汉末之乱，中国多事，不遑外讨，故得擅漠南之地，寇暴城邑，杀掠人民，北边仍受其困。会袁绍兼河北，乃抚有三郡乌丸，宠其名王而收其精骑。"[2](p. 831) 袁绍兼督冀、青、幽、并四州是建安二年(197)事,其"宠其名王"是哪一年呢?据《后汉书·乌桓传》记载:"建安初,冀州牧袁绍与前将军公孙瓒相持不决,蹋顿遣使诣绍求和亲,遂遣兵助击瓒,破之。绍矫制赐蹋顿、难楼、苏仆延、乌延等,皆以单于印绶。"[3](p. 2984)公孙瓒败死于建安四年三月。这就是袁绍"宠其名王而收其精骑"之时,时曹植八岁。自是袁绍与乌丸相安,北境无军事。

其后袁绍败死,子袁尚、袁熙于建安十年(205)逃入乌丸。这就引发了曹操于建安十二年的北征三郡乌丸。其时曹植十六岁。这次战事对曹植影响较大,但还不是写作《白马篇》的直接催化剂。

据《武帝纪》载:建安十二年,"夏五月,(操)至无终(今天津蓟州)。秋七月,大水,傍海道不通,田畴请为乡导,公从之。引军出卢龙塞(今河北迁西县之喜峰口),塞外道绝不通,乃堑山堙谷五百余里,经白檀,历平冈,涉鲜卑庭,东指柳城(今辽宁朝阳市)。未至二百里,虏乃知之。尚、熙与蹋顿、辽西单于楼班、右北平单于能臣抵之等将数万骑逆军。八月,登白狼山(今辽宁白鹿山),卒与虏遇,众甚盛。公车重在后,被甲者少,左右皆惧。公登高,望虏陈不整,乃纵兵击之,使张辽为先锋,虏众大崩,斩蹋顿及名王已下,胡、汉降者二十余万口"[2](p. 29)。这次战争,曹植随父在军。据曹植在《求自试表》中说:"臣昔从先武皇帝南极赤岸,东临沧海,西望玉门,北出玄塞,伏见所以行军用兵之势,可谓神妙矣。"[1](p. 5)《文选·求自试表》李善注:"玄塞,长城也。北方色黑,故曰玄。"[7](p. 519)卢弼《三国志集解》《曹彰传》引赵一清说:"玄塞,卢龙之塞也,谓柳城之役。"[5](p. 488)由此可知这次曹植从征乌丸。

古直《曹子建诗笺》就认为《白马篇》是写这次战事中的张辽，他说："此诗盖为张辽作也。张辽雁门马邑人。雁门属并州，故曰'幽并游侠儿'也。《武帝纪》：'建安十二年，公征三郡乌丸，出卢龙塞，东指柳城，登白狼山，卒与虏遇，纵兵击之，使辽为先锋，虏众大崩，斩蹋顿及名王已下，胡汉降者二十余万口。'所谓'长驱蹈匈奴'也。"[4]据古直的意见，《白马篇》是这次战事写实之作，也就应该写在这个时候。

首先，古直的说法虽然新颖，但没有多少根据。从张辽的事迹看，据《张辽传》，张辽虽"武力过人"，为魏名将，但在柳城之役前的事迹，颇与诗不合。他少为郡吏，汉末为并州刺史丁原的从事，被派至京师。又被何进派到河北募兵，得千余人，返回时何进已被杀，就以兵属董卓。卓败，又以兵属吕布，迁骑都尉。后从吕布败走徐州，领鲁相。曹操破吕布，张辽降操，拜中郎将，赐爵关内侯。以后随操征伐，屡有功。"从征袁尚于柳城，卒与虏遇，辽劝太祖战，气甚奋，太祖壮之，自以所持麾授辽。遂击，大破之，斩单于蹋顿。"[2](p.518)这里并无诗中描写的"少小去乡邑，扬声沙漠垂"的事迹。

其次，从这次战事的形势看，与诗中描写也不相符合。虽然《武帝纪》建安十一年中曾提及"辽西单于蹋顿尤强，为绍所厚，故尚兄弟归之，数入塞为害"[2](p.28)。这大概是一些小骚扰，没有构成大的威胁，所以史书中只是一笔带过，但这也是曹操征乌丸的原因之一。至建安十二年，曹操为了消除后患，北征袁尚及三郡乌丸，这是一次主动出击，乌丸是没有准备的。据《郭嘉传》记载，曹操将击袁尚及三郡乌丸，诸将多惧刘表使刘备乘虚袭许，独郭嘉认为可北征，其理由之一是"公(指曹操)虽威震天下，胡恃其远，必不设备。因其无备，卒然击之，可破灭也"。若"胡人一动，民夷俱应……恐青、冀非己之有也"[2](p.434)。行军至无终，"时方夏水雨，而滨海洿下，泞滞不通，虏亦遮守蹊要，军不得进"（《田畴传》）[2](p.342)。乃用田畴计，改出卢龙塞，直捣柳城。"虏卒闻太祖至，惶怖合战。"（《郭嘉传》）[2](p.435)从这些记载看，这次出兵与曹植《白马篇》中写的"边城多警急，胡虏数迁移。羽檄从北来，厉马登高堤"不合，因它是曹操的一次主动进攻。

最后，虽然古直的说法不足信据，但是否本诗的创作与这一战事无关呢？不。这是曹植亲自参加了的一次北伐，在他那十六岁的少年心中，一定留下了那些抗敌战士（包括张辽在内）英勇战斗的形象。在激励他自己的爱国思想上，也应该有重要的作用。这为以后创作《白马篇》打下了思想、生活基础。而《白马篇》中的"少小去乡邑，扬声沙漠垂"，还应该就是指诗篇中主人公原型所参加的这次战斗，这将在下面再谈。

建安十二年以后，北边又平静了一个时期。至建安二十三年（218）夏四月，又有"代郡、上谷乌丸无臣氏等叛，遣鄢陵侯彰讨破之"（《武帝纪》）[2](p.51)的记载。关于这次战事，《任城威王彰传》中记载甚详。我们认为《白马篇》中的卫国英雄形象，就是以这次战争中的曹彰为原型塑造而成的，今试说如下：

先看形势。这次战斗是由于乌丸无臣氏等叛，而鲜卑大人轲比能又"助为寇害"（《鲜卑传》）[2](p.838)。乌丸、鲜卑同时兴兵，边防紧急情报就日夜兼程送到曹操手中。曹操就派遣了他的以勇武著称的儿子曹彰领兵北征。诗里写的"边城多警急，胡虏数迁移。羽檄从北来，厉马登高堤"就是指这种形势。

再看曹彰的生平、为人和这次战斗，与诗中描写的事迹颇为吻合，且诗中主人公的气概亦颇似曹彰。

诗开头就写主人公"白马饰金羁，连翩西北驰"的一往无前的英雄气概。接着就追叙他"少小去乡邑，扬声沙漠垂"的不平凡经历。这经历应该就是指建安十二年征三郡乌丸的柳城之役。关于曹彰有没有参加柳城之战，史书上没有明确记载。但我们从当时情势来分析，他应该是参加了的。因为战乱，曹操在出征时常常携带他的家属。曹丕在《典论·自叙》中就明确说："以时之多难，故每征，余常从。建安初，上南征荆州，至宛，张绣降。旬日而反。亡兄孝廉子修、从兄安民遇害。时余年十岁，乘马得脱。"[8](p.1096)其《感离赋》序又说："建安十六年，上西征，余居守，老母诸弟皆从，不胜思慕。"[8](p.1073)建安十六年时，曹丕已二十五岁，为五官中郎将，丞相副，故留守邺，其他"老母诸弟皆从"，由此可见一斑，至于建安十二年的北征乌丸，曹植是在军中，上面已经论及，曹丕也在军中。据《张绣传》："（绣）从征乌丸于柳城，未至，薨。"裴松之注引《魏略》说："五官将（曹丕）数因请会，发怒曰：'君杀吾兄，何忍持面视人邪！'绣心不自安，乃自杀。"[2](p.263)可知张绣自杀时曹丕也在军中。曹丕、曹彰、曹植三人是同母兄弟，这年曹丕二十一岁，曹植十六岁。介于曹丕、曹植之间的曹彰当在十八九岁。从情理看，他也应该在军中。这时正是曹彰少年气盛的时候，在这次战争中应该也立了功勋。据《任城威王彰传》记载，曹彰"少善射御，膂力过人，手格猛兽，不避险阻。数从征伐，志意慷慨"。曹操曾"课彰读诗、书，彰谓左右曰：'丈夫一为卫、霍，将十万骑驰沙漠，驱戎狄，立功建号耳，何能作博士邪？'"[2](p.555)可见他年少时就立下了"驰沙漠，驱戎狄"的志向。而且传中说他"数从征伐"，所以我们推想他在十八九岁时的柳城战役中立了功。曹植诗中说"少小去乡邑,扬声沙漠垂"当有事实根据。

诗接下去还是追忆:"宿昔秉良弓,楛矢何参差。控弦破左的,右发摧月支。仰手接飞猱,俯身散马蹄。狡捷过猴猿,勇剽若豹螭。"这既是写曹彰,也是写他们兄弟平时练习武艺的情况。曹丕在《典论·自叙》中也说:"(荀)或言:'闻君善左右射,此实难能。'余言:'执事未睹夫项发口纵,俯马蹄而仰月支也。'"[8](p.1096)可见"俯马蹄而仰月支"是他们兄弟平时训练的功课。曹丕不以战闻,他的骑射尚且如此,曹彰当更臻绝境。曹彰传中也突出地记载了他善骑射,所谓"少善射御""射胡骑,应弦而倒者前后相属"[2](p.555)。这与《白马篇》中突出地描写主人公的善射是一致的。曹彰传又说他"膂力过人,手格猛兽"[2](p.555),故曹植诗中赞他"狡捷过猴猿,勇剽若豹螭"也。后来王嘉在《拾遗记》卷七中更说他"善左右射","百步中髭发",并更加神化地说:"时乐浪献虎……彰曳虎尾以绕臂,虎弭耳无声……时南越献白象子在帝前,彰手顿其鼻,象伏不动。"[6](p.540)对曹彰的善射及其勇力,作了夸大的形象描写。

再下去就直接写这次战斗,《任城威王彰传》说:"彰北征,入涿郡界,叛胡数千骑卒至。时兵马未集,唯有步卒千人,骑数百匹。用田豫计,固守要隙,虏乃退散。彰追之,身自搏战,射胡骑,应弦而倒者前后相属。战过半日,彰铠中数箭,意气益厉,乘胜逐北,至于桑乾,去代二百余里。长史诸将皆以为新涉远,士马疲顿,又受节度,不得过代,不可深进,违令轻敌。彰曰:'率师而行,唯利所在,何节度乎?胡走未远,追之必破。从令纵敌,非良将也。'遂上马,令军中:'后出者斩。'一日一夜与虏相及,击,大破之,斩首获生以千数。……时鲜卑大人轲比能将数万骑观望强弱,见彰力战,所向皆破,乃请服。北方悉平。"[2](p.555-556)这一战，使乌丸、鲜卑皆服。故曹植诗中写道："长驱蹈匈奴，左顾陵鲜卑。弃身锋刃端，性命安可怀。父母且不顾，何言子与妻?"看来是写实。传中所说的"乘胜逐北，至于桑乾，去代二百余里"，又追了一日一夜，终于击破乌丸。这不是"长驱蹈匈奴"吗？鲜卑因"助为寇害"，及曹彰击败乌丸，轲比能请服。这自然是"左顾陵鲜卑"了。曹彰"铠中数箭，意气益厉"，为了击破乌丸，又甘冒违令之罪。这也实践了曹彰自己说的为将之道，应"被坚执锐，临难不顾，为士卒先"(《任城威王彰传》)[2](p.555)的壮志。这真可说是"弃身锋刃端，性命安可怀。父母且不顾，何言子与妻"了。这年曹彰约二十九到三十岁，当然有子与妻了。

曹彰这次带兵打了胜仗，力克强敌，很得其父曹操的欢心。加以曹彰又能归功诸将(这是曹丕教他的)，所以曹操见到他后，"太祖喜，持彰须曰：'黄须儿竟大奇也。'"(《任城威王彰传》)[2](p.556)曹彰的英雄事迹，国史撰有《任城王旧事》三卷，晋初还藏于秘阁，说见《拾遗记》卷七。[6](p.540)曹植个人和曹彰的关系也非常亲近，不仅是同母兄弟，而且以后曹彰在父曹操死时欲奉曹植继为王；曹彰暴死于京师后，曹植也在《赠白马王彪》诗中悲痛地怀念他，"奈何念同生，一往形不归"。[8](四p.9)可见他们两人的感情是极为相投的。这次曹彰的军事胜利，曹植一定非常高兴，激起了创作的激情，就提笔写了以曹彰为原型的《白马篇》。这时曹植二十七岁。

是否《白马篇》就是在歌颂曹彰呢？我们说基本上是，但又不完全是。因为曹植在创作时浮想联翩，过去目睹耳闻的边疆抗敌儿郎的形象又一个个再现在他的脑际。这就促使他把视野打开，把这事迹安排在广阔的社会背景上，也概括了当时许多抗敌英雄的事迹。所以他一开始就说"借问谁家子？幽并游侠儿"，而不是直接说"豫州黄须儿"了。因为曹彰是沛国谯人，属豫州，与幽、并二州无关。况且，一人出生不可能横跨幽、并二州。显然，曹植把诗中的主人公写成"幽并游侠儿"，是一种艺术上的概括，因为在汉代，幽、并多游侠是出了名的，而且也是不断受到入侵者骚扰的地区，如《武帝纪》载："三郡乌丸承天下乱，破幽州，略有汉民合十余万户。"[2](p. 28)《后汉书·乌桓鲜卑列传》中说："灵帝立，幽、并、凉三州缘边诸郡无岁不被鲜卑寇抄，杀略不可胜数。"[3](p. 2990)《乌丸鲜卑传》称鲜卑"数犯塞寇边，幽、并苦之"[2](p. 831)。在累遭匈奴、乌丸、鲜卑的侵扰下，人民养成了反抗的性格。张璠《汉纪》就有如下的说法："关西诸郡，北接上党、太原、冯翊、扶风、安定，自顷以来，数与胡战，妇女载戟挟矛，弦弓负矢，况其悍夫！"（《郑浑传》注引）。[2](p. 510)

由于这样，曹植就把诗中的主人公喻作素受北敌侵凌，而又有强烈战斗意志的幽并游侠儿。这些游侠之士的斗争精神，曹植不仅有所闻，也有所见。建安十二年随父曹操北征乌丸就是一个极好的机会。不管曹植主观认识如何，《白马篇》在客观上就扩大了诗中主人公的社会基础，并把他的战斗精神深深地根植于广大民众之中，也就大大地突出了他的典型性，及他反侵略的群众基础和斗争的正义性。

此外，《白马篇》中也贯注了作者自己强烈的爱国献身精神，这种精神是贯穿了曹植一生的。这点前人多有论及。在写《白马篇》以前，二十五岁的曹植就在《与杨德祖书》中写道："吾虽薄德，位为藩侯，犹庶几勠力上国，流惠下民，建永世之业，流金石之功，岂徒以翰墨为勋绩，辞赋为君子哉！"[1](八p.18)这种"勠力上国，流惠下民"的思想，在《白马篇》中通过游侠儿的形象淋漓尽致地表达了出来。其后，曹操死，他屡遭兄、侄的迫害，但他献身立功的精神仍不断通过诗文流露出来。在《杂诗》里吟出了"闲居非吾志，甘心赴国忧""国仇亮不塞，甘心思丧元"的志向。[1](四p.4)在《求自试表》中发出了"必乘危蹈险，聘舟奋骊，突刃触锋，为士卒先……虽身分蜀境，首悬吴阙，犹生之年也"[1](七p.5)的呼声。所以，《白马篇》最后写的"弃身锋刃端，性命安可怀。父母且不顾，何言子与妻？名编壮士籍，不得中顾私。捐躯赴国难，视死忽如归"，既是写卫国英雄的崇高精神，也是抒写了作者自己的感情，两者融而为一，分不出彼此了。

综上所说，我们认为《白马篇》应写于建安二十三年，它以作者同母兄曹彰征乌丸事为素材，是以当时抗敌战士的英雄形象和作者自己的报国壮志熔铸而成的不朽名篇。

参考文献：

[1](三国)曹植撰，(清)丁晏纂：《曹集铨评》，上海，扫叶山房石印本，1934。

[2](晋)陈寿撰，(刘宋)裴松之注：《三国志》，北京，中华书局校点本，1982。

[3](刘宋)范晔撰，(唐)李贤等注：《后汉书》，北京，中华书局校点本，1982。

[4]古直撰：《曹子建诗笺》，《层冰草堂丛书》本，上海，聚珍仿宋印书局，1928。

[5](清)卢弼集解：《三国志集解》，北京，中华书局，1982。

[6]（前秦）王嘉撰，（梁）萧绮录：《拾遗记》，《汉魏六朝笔记小说大观》本，上海，上海古籍出版社，1999。

[7]（梁）萧统编，（唐）李善注：《文选》，北京，中华书局，1981。

[8]（清）严可均校辑：《全上古三代秦汉三国六朝文》（二），北京，中华书局，1987。

[附记]本文写成后，始见到《文史》1979年第6辑徐公持同志的大作《曹植诗歌的写作年代问题》，文中说《白马篇》的创作原型是曹彰，与拙见不谋而合。但在他后来编著的《魏晋文学史》中，又回到了他所存疑的曹植自况说，并没有提到自己的新见解。故在本文撰成40多年后的今天，略作修改，并加注参考文献及页码，把它公诸同好，以为徐文原型是曹彰说作的鼓吹并补证，敬请读者有以正之。

阮籍生平系年考略

阮籍，字嗣宗，陈留尉氏人。

陈留尉氏在今河南开封南九十里。春秋郑邑，汉置尉氏县，魏属兖州陈留郡。据宋乐史《太平寰宇记》卷一尉氏县载："阮籍墓在县东四十五里。籍陈留尉氏人，即竹林七贤，有碑在。阮籍台在县东南二十步，籍每追名贤携酌长啸，登此。"清管竭忠修张沐等纂《开封府志》载：尉氏县北有阮村，"阮咸与籍居道南，诸阮居道北，北阮富而南阮贫，即此"。东南三十里处有阮籍墓（新安亦有墓），四十里处有七贤庙，县东有啸台，据云为阮籍长啸处。又清刘厚滋等修王观潮纂辑之《尉氏县志》谓阮籍墓"在县东南三十里段庄"，啸台"跨县之东城上"，"阮嗣宗书院在旦治东北城下，旧祀黄、阮二公，今祀韩城贾侯"。"三贤祀祀战国尉缭，汉蔡邕，晋阮籍。每岁仲秋望日致祭。"

阮姓于尉氏为一大族，从《世说新语·任诞》所载居道北之诸阮于七月七日咸晒纱罗锦绮中可见。唯阮瑀一支较贫。又《世说人名谱》及周嘉猷《南北史世系表》均为陈留尉氏阮氏立谱，亦可见其梗概。

祖父敦，身世不详。

据《世说人名谱》，曾祖以上不可考。嵇叔良《阮嗣宗碑》称："诗所载阮国，则是族之本也。"

父瑀，字元瑜。少受学于蔡邕。建安中都护曹洪欲使掌书记，瑀不屈。曹操召之，与陈琳同为司空军谋祭酒，管记室。多为操作军国书檄，后徙为仓曹掾属，终。

按阮瑀为建安七子之一。曹丕《典论·论文》称："（陈）琳、（阮）瑀之章表书记，今之隽也。"又《与吴质书》称："元瑜书记翩翩，致足乐也。"《隋书·经籍志》载有《阮瑀集》五卷。

族父武，字文业，有鉴识，阮籍年总角，以为胜己。魏正始中官至清河太守。

《晋书·阮籍传》作"族兄文业"，非是。说见本文景初元年。《世说新语·赏誉》载："王戎目阮文业，清伦有鉴识，汉元以来，未有此人。"刘注引《陈留志》云："著书十八篇，谓之《阮子》。"按其书隋时已亡。《隋志》子部法家类载："《阮子正论》五卷，魏清河太守阮武撰，亡。"

瑀生二子。长子熙，武都太守，即阮咸父也。

阮熙见《晋书·阮咸传》，事迹不详。咸传又云："（咸）与叔父籍为竹林之游。"《世说人名谱》云："熙，瑀子，武都太守。"据此，则史传所云籍嫂尝归宁，籍相见与别，时人讥之。籍曰："礼岂为我辈设耶！"其嫂应即熙之妻，咸之母也。

次即籍，于汉献帝刘协建安十五年生。

汉献帝刘协建安十五年庚寅(210)生　一岁

《晋书》本传云："景元四年冬卒，时年五十四。"推知生于是岁。

其生地不详，或生于邺(今河北临漳)。盖其父瑀建安中为曹操辟为司空军谋祭酒(即"军师祭酒"，后因避司马师讳改)，管记室。按：曹操于建安元年为司空，三年，初置司空军谋祭酒。本年已是建安十五年，阮瑀已为曹操罗致帐下，因家于邺。

建安十七年壬辰(212)　三岁

父瑀卒。

《王粲传》："瑀以十七年卒。"俞绍初《曹植年谱》云："《魏志·王粲传》：'瑀以十七年卒。'又《文选·魏文帝与朝歌令吴质书》李善注引《典略》曰：'质为朝歌长，大军西征。太子南在孟津小城与质书。'按曹操于建安十六年西征马超。书曰：'今果分别，各在一方。元瑜长逝，化为异物。'则瑀于建安十六年似已卒。两说必有一误。按瑀曾代操作书与韩遂，岂死于从征马超时乎？姑且存疑。"按：曹丕《与朝歌令吴质书》作于五月十八日(六臣本作二十八日)，而建安十六年曹操自将西征在七月，次年正月还邺，与此书时令不合。曹丕书应作于建安二十年西征张鲁之役。《武帝纪》：建安二十年三月，公西征张鲁。夏四月，公自陈仓以出散关，至河池。氐王窦茂众万余人，恃险不服，五月，公攻屠之。秋七月，公至阳平。此时令正与曹丕书合，故俞说误，阮瑀应卒于建安十七年。

建安二十二年丁酉(217)　八岁

王粲卒。

《王粲传》云："建安二十一年，从征吴。二十二年春，道病卒。时年四十一。"

徐幹、陈琳、应玚、刘桢均死于疫。（《王粲传》）

籍本年已能属文。

《太平御览》卷六百二引《魏氏春秋》云："阮籍幼有奇才异质，八岁能属文。"

汉延康元年、魏文帝曹丕黄初元年庚子(220)　十一岁

正月，曹操病死洛阳。曹丕嗣位为丞相，领冀州牧。改建安二十五年为延康元年。（《武帝纪》《文帝纪》《资治通鉴》）

冬十月，曹丕称皇帝，废汉献帝为山阳公。（《文帝纪》）

黄初三年壬寅(222)　十三岁

王昶由洛阳典农迁兖州刺史。

据《王凌传》，凌于本年击吴将吕范立功，由兖州转青州。则王

昶由洛阳典农迁兖州刺史应于是年。

黄初四年癸卯(223)　十四岁

嵇康生。

《晋书·嵇康传》，康卒于景元三年(262)，终年四十。上推生年，应为是岁。详见景元三年。

阮籍少年时即好诗书，以颜回、闵损自许。亦善击刺。

按其《咏怀诗》其十五曰："昔年十四五，志尚好诗书。被褐怀珠玉，颜、闵相与期。"又《咏怀诗》其六十一曰："少年学击刺，妙伎过曲城。"

黄初六年乙巳(225)　十六岁

钟会生。

钟会于景元五年被杀，时年四十。上推生于是岁。(《钟会传》)

黄初七年丙午(226)　十七岁

五月，魏文帝曹丕卒。子叡立，是为明帝。(《文帝纪》)

阮熙为武都太守。籍当于本年随兄熙赴武都太守任，曾留居长安，游咸阳。

《世说人名谱》云："熙，瑀子，武都太守。"阮熙任武都太守之年，不见史传记载。然武都太守之任，建安二十一年至黄初七年为杨阜。《杨阜传》："太祖征汉中（建安二十年），以阜为益州刺史。还，拜金城太守。未发，转武都太守。"又云："文帝问侍中刘晔等：'武都太守何如人也？'皆称阜有公辅之节。未及用，会帝崩。在郡十余年，征拜城门校尉。"按阜转城门校尉为曹叡时事，或即于曹叡初立时，即黄初七年。曹操于建安二十一年从汉中还邺，拜杨阜为武都太守，至黄初七年，恰为"在郡十余年"。

又《韦诞传》注引《文章叙录》云："太和中，诞为武都太守，以能书留辅侍中。"（《晋书·卫恒传》所记同）按武都于太和三年春入蜀（《诸葛亮传》等），以后不闻更有武都太守，则太和中或即为太和三年或稍前。故阮熙之为武都太守，应在黄初七年至太和二、三年间。籍之西游，或即于是岁。

阮籍《咏怀诗》其五曰："平生少年时，轻薄好弦歌。西游咸阳中，赵李相经过。"本年阮籍十七岁，尚为少年。又《咏怀诗》其六曰："昔闻东陵瓜，近在青门外。"青门即长安之霸城门（参见《三辅黄图》）。《水经·渭水》注："第三门本名霸城门，王莽更名仁寿门，无疆亭。民见门色青，又名青城门，或曰青绮门，亦曰青门。门外旧出好瓜。昔广陵人邵平为秦东陵侯，秦破，为布衣，种瓜此门。瓜美，故世谓之东陵瓜。是以阮籍《咏怀诗》云：'昔闻东陵瓜，近在青门外。连畛拒阡陌，子母相钩带。'指谓此门也。"曰少年时"西游咸阳"，曰"近在青门外"，故知阮籍少年时曾居留过长安。《咏怀诗》其六"昔闻东陵瓜"作于长安，或即在此后二三年中。

诗曰："昔闻东陵瓜，近在青门外。"应是写实，故系于此。说此诗首，往往谓刺权奸、趋炎之人。细玩诗意，似为阮籍早年言志之作。

魏明帝曹叡太和三年己酉(229) 二十岁

春，诸葛亮拔魏武都、阴平二郡。(《诸葛亮传》)阮籍当于本年前东返。

本年武都入蜀，韦诞又为武都太守而留居洛阳，故系于此。

东返时，道经太行南，作《咏怀诗》其五"平生少年时"。

此诗为阮籍自叙思想转折之作。言少年时轻薄好弦歌，及年岁稍长，路经太行，睹物思情，引起太行失路之感，故作此诗。"反顾望三河"之"三河"，张鹏翮谓"离潼关二十里许有三河口，盖渭水、洛水入黄河之口，或即指此，故来归复反顾也"。其说可从。至李善曰："少年之日，志好弦歌，及乎岁晚旋归，路失财尽，同乎太行之子，当如之何乎?"谓岁晚始悟轻薄弦歌之非，与阮籍之思想经历不合，故不从。

太和四年庚戌(230) 二十一岁

王戎生。

按《晋书·王戎传》谓"永兴二年薨于郏县，时年七十二"。依此，则王戎应生于明帝青龙二年(234)。然本传又云："阮籍与浑为友，戎年十五，随浑在郎舍。戎少籍二十岁，而籍与之交。"《世说新语·简傲》注引《竹林七贤论》亦云："籍长戎二十岁，相得如时辈。"据此，则王戎应生于太和四年。但《太平御览》卷五十七引臧荣绪《晋书》云："王戎少阮籍二十余年，相得如时辈。"如此文无误，则本传与《竹林七贤论》所云二十岁者，可能夺一"余"字。王戎生于青龙二年，与阮籍相差二十四岁，称"二十余年"似亦可通。但本传又云"戎年十五，随浑在郎舍"。《世说新语·简傲》注引《晋阳秋》亦云："戎年十五，随父浑在郎舍。"又据《竹林七贤论》记载，阮籍与王戎相得为友时，阮籍为尚书郎。据此，设若王戎生于青龙二年，当他年十五随父在郎舍时，正是正始九年(248)，是时阮籍辞曹爽参军屏居田里(详见正始八年)，不得发生与王戎在郎舍相得之事。故王戎应生于本年为近是。由此可知，《晋书·王戎传》称其"年七十二"者，似为"年七十六"之误。"二"为"六"之坏字。

太和五年辛亥(231)　二十二岁

《语林》谓阮籍举陈协修九龙堰，当为传闻，不足信。

《水经注》卷十六《穀水》："《洛阳记》曰：'千金碣旧堰穀水，魏时更修此堰，谓之千金碣。积石为碣而开沟渠五所，谓之五龙渠。渠上立碣，碣之东首立一石人，石人腹上刻勒云：太和五年二月八日庚戌，造筑此碣。……'盖魏明帝修王张故绩也。是碣都水使者陈协所造。《语林》曰：'陈协数进阮步兵酒，后晋文王欲修九龙堰，阮举协，文王用之。掘地得古承水铜龙六枚，堰成。'"赵一清释引全祖望曰："按五龙渠与九龙渠不同，五龙渠即千金渠。若九龙渠，作于魏明帝青龙三年。……善长误矣。"按:《语林》所记,当为传闻。无论太和五年之修千金堰,青龙三年之修九龙渠,阮籍均尚未仕,亦非晋文王司马昭用事时也。

青龙三年乙卯(235)　二十六岁

曹叡大治洛阳宫,起昭阳太极殿,筑总章观,高十余丈,人民苦之。叡又极荒淫,"妇官秩石拟百官之数,自贵人以下至掖庭洒扫凡数千人"。"杀禁地鹿者身死,财产没官。"又欲平北芒,于上作台观。七月,洛阳崇华殿又灾。八月,诏复立崇华殿,更名九龙。而督修宫室有稽限者,"言犹在口,身首已分"。时司空陈群、廷尉高柔、卫尉辛毗、少府杨阜、散骑常侍蒋济、中书侍郎王基、尚书孙礼、侍中高堂隆等均陈述利害,曹叡置之不听。(《资治通鉴》)

《咏怀诗》其三十一"驾言发魏都"作于本年或略后。

　　陈沆《诗比兴笺》曰:"'驾言发魏都',借古以寓今也。明帝末路,歌舞荒淫,而不求贤讲武,为苞桑之计,不亡于敌国,则亡于权奸,岂非百世殷鉴哉!"陈赓平《阮籍咏怀诗探解》曰:"这首诗是作者借古喻今来警戒魏明帝曹叡的。据《三国志》注引《魏略》:'是年(青龙三年)起太极诸殿,筑总章观,高十余丈,建翔凤于其上。又于芳林园中起陂池,楫棹越歌。……自贵人以下至尚保及给掖庭洒扫习伎歌者各有千数。'这就像梁吹台上的排场了。《魏略》又载太子舍人张茂上书谏诤,书中有云:'自衰乱以来,四五十载,马不舍鞍,士不释甲,每一交战,血流丹野,创痍号痛之声,于今未已！'可见当时前方士兵是很痛苦的。一方面帝王在极意享乐，而人民和军士却在苦难的岁月中挣扎，有德行的人如孙登、嵇康等又都隐退了，而敌国诸葛亮又正在屡次进攻，这正是危败的征象，所以作者借古慨叹，只恐曹魏沦为大梁之续耳。"其说近是。然谓"如孙登、嵇康等又都隐退了"则误。孙登未见有出仕的记载，何来"隐退"？嵇康生于黄初四年，终曹叡之世，年仅十七，亦无"隐退"之事。

青龙五年、景初元年丁巳(237)　二十八岁

随叔父至东郡，兖州刺史王昶请与相见，终日不关一言，当在此年前。

本传但言随叔父，未言其叔父为谁，亦未明言见王昶于何年。陆侃如《中古文学系年》假定在阮籍二十五岁左右，因而系于青龙二年(234)。今按：王昶为兖州刺史，始于黄初三年，终于正始中，由兖州转徐州（参见《三国志集解·王昶传》卢弼注），前后二十余年。阮籍见于何年，史无明文记载。

  考阮籍所随之叔父，疑即本传所云之"族兄文业每叹服之，以为胜己"的阮武（文业）。阮武为阮籍之族父。《世说新语·赏誉》注引杜笃《新书》曰："阮武，字文业，陈留尉氏人。父谌，侍中。"又引《陈留志》云："武，魏末清河（二字原误倒为"河清"）太守。族子籍年总角，未知名，武见而伟之，以为胜己。"《世说人名谱》阮武下云："武，谌子，籍族父，字文业，魏末清河（二字原误倒）太守。"

由此可见，本传之"族兄"，乃"族父"之误。本传所称"尝随叔父至东郡"之叔父，或即指阮武。按阮籍父辈人物有史可考者，一为阮武，另一为阮觊。据《世说人名谱》，觊为汝南太守，一作淮南内史。《三国志》未见记述。《世说新语·德行》注引《阮光禄别传》曰："父觊，汝南太守。"《晋书》作淮南内史。觊较之阮武，携阮籍赴东郡之可能性为小，其他族父，更不见有记述，无名者恐亦难见王昶。故较大可能为清河太守阮武。清河郡属冀州，非兖州刺史所辖，然冀、兖两州相邻。兖州治廪丘，属东郡。阮武途经东郡，见兖州刺史就有较大可能。

又阮武为清河太守之年，略可考知。《杜恕传》曰："初，恕从赵郡还，陈留阮武亦从清河太守征，俱自薄廷尉。"按杜恕先任弘农太守，数岁后转赵相。其继弘农任者为孟康。孟康为弘农太守之年，《魏略》谓在"正始中"。据《通典》州郡七载："景初元年……弘农太守杜恕议……，正始元年，弘农太守孟康上言……"则《魏略》所称"正始中"，应即指正始元年。由此可推知，杜恕之转赵相，应在正始元年。《杜恕传》又曰："数岁转赵相，以疾去官。"可知杜恕之为赵相，为时未久，或即于正始中。阮武亦于此时由清河太守征还。

又《卢毓传》谓景初元年，毓荐阮武、孙邕代为侍中，曹叡用孙邕。据《鲍勋传》，孙邕于黄初六年已为陈留太守，而卢毓亦以广平太守入为侍中，则阮武或于是岁亦已任清河太守。故阮籍或于景初元年前，随阮武赴清河任时经过东郡，因而会见王昶，亦或于此时初游东平。即本传所云之"籍尝从容言于帝曰：'籍平生曾游东平，乐其风土。'"

魏废帝曹芳正始元年庚申(240)　三十一岁

正始三年壬戌(242)　三十三岁

七月乙酉，以领军将军蒋济为太尉。(《三少帝纪》)

蒋济辟阮籍为掾，籍作《诣蒋公奏记辞辟命》以辞。济怒，乡亲共喻之，乃就吏，为太尉掾属。

《晋书·阮籍传》曰："太尉蒋济闻其有隽才而辟之。籍诣都亭奏记曰：'伏惟明公以含一之德，据上台之位，英豪翘首，俊贤抗足。开府之日，人人自以为掾属，辟书始下，而下走为首。……'初，济恐籍不至，得记欣然。遣卒迎之，而籍已去。济大怒，于是乡亲共喻之，乃就吏。"据《奏记》，蒋济开府之日，首辟阮籍为掾属，故应于是年。

又汤球辑臧荣绪《晋书》，谓据茶陵本，文有异。其曰："太尉蒋济闻籍有才隽而俶傥，为志高，问掾王默，然后辟之。籍诣都亭奏记曰……济大怒王默，默惧，与籍书劝说之。于是乡亲共喻之，籍乃就吏。"则其中又夹一王默矣。

正始四年癸亥(243)　三十四岁

阮籍或于本年谢病归。

臧荣绪《晋书》及《晋书·阮籍传》均曰:"后谢病归。"

因病辞归时又作《奏记》。

其《奏记》曰:"违由鄙钝,学行固野,进无和俗崇誉之高,退无静默恪冲之操,猥见显饰,非所被荷。旧素尪瘵,守病委劣,拜谒之命,未敢堪任。昔荣期带索,仲尼不易其三乐;仲子守志,楚王不夺其灌园。贪荣塞贤,昧进负讯。忧望交集,五情相愧。明公侔踪鲁卫,勋隆桓文,广延俊杰,恢崇大业。乞降期会,以避清路。毕愿家巷,惟蒙于许。"察其所言"猥见显饰","旧素尪瘵,守病委劣","贪荣塞贤,昧进负讯。忧望交集,五情相愧","乞降期会,以避清路",可知作于就蒋济辟后之谢病归。

正始五年甲子(244) 三十五岁

山涛始仕。(《晋书·山涛传》)

阮籍复为尚书郎,与年十五之王戎为友。少时又以病免。

臧荣绪《晋书》曰:"复为尚书郎。"《王粲传》注引《魏氏春秋》曰:"后为尚书郎。"《晋书》本传曰:"复为尚书郎,少时又以病免。"按少时以病免,谓为尚书郎时不久,可能即于是岁。

阮籍为尚书郎时,与王戎为友。据《世说新语·简傲》注引《竹林七贤论》曰:"初,籍与戎父浑俱为尚书郎,每造浑,坐未安,辄曰:'与卿语不如与阿戎语。'就戎必日夕而返。"同书注引《晋阳秋》曰:"戎年十五,随父浑在郎舍,阮籍见而说焉。每适浑,俄顷,辄在戎室。久之,乃谓浑:'濬冲清尚,非卿伦也。'"《晋书·王戎传》亦有记载，仅文字有小异。本年王戎十五岁（参见本文太和四年），故知阮籍为尚书郎时也。

正始八年丁卯（247） 三十八岁

曹爽用何晏、邓飏、丁谧之谋，迁太后于永宁宫，擅朝政，多树亲党，屡改制度，太傅司马懿不能禁，与爽有隙。五月，懿称疾，不与政事。（《三少帝纪》《曹爽传》《资治通鉴》）

阮籍当曹氏、司马氏矛盾深化时，辞曹爽参军，屏居田里。或曰辞曹爽参军之辟，屏于田里。

《晋书·阮籍传》曰："及曹爽辅政，召为参军，籍因以疾辞，屏于田里。岁余而爽诛，时人服其远识。"《王粲传》注引《魏氏春秋》则曰："后为尚书郎，曹爽参军，以疾归田里。岁余，爽诛。"所言归田里后岁余而曹爽被诛与晋传同。爽被诛于嘉平元年（249）正月，则应于本年辞归。

阮籍屏居田里，即侨居于河内山阳（故城在今河南修武西北），与嵇康、山涛、刘伶、阮咸、向秀、王戎作竹林之游，世称"竹林七贤"。

考阮籍与王戎相识于正始五年，其年山涛出仕，至是山涛弃官。《山涛传》曰："（涛）投传而去，未二年果有曹爽之事，遂隐身不交世务。"则当略早于阮籍辞曹爽参军之年。而竹林之游，也不会早于本年。山涛河内怀（今河南武陟县）人，与山阳为邻。向秀亦为怀人。《向秀传》："向秀，字子期，河内怀人也。清悟有远识，少为山涛所知。"时嵇康亦居山阳。《魏氏春秋》曰："康寓居河内之山阳。"《水经注》清水引郭缘生《述征记》曰："白鹿山东南二十五里有嵇公故居，以居时有遗竹焉，盖谓此也。"按嵇康曾为中散大夫，史不著何时。其本传曰："与魏宗室婚，拜中散大夫。"考嵇康《与山巨源绝交书》曰："女年十三，男年八岁。"而该书作于景元元年（260），则生女时应为正始九年（248）。其与沛穆王曹林之女婚（见《文选·恨赋》注引王隐《晋书》。又《沛穆王林传》注引《嵇氏谱》则称曹林孙女。从年岁考之，《嵇氏谱》似误），疑当在本年或略前（暂以此女为长女计），则嵇康之拜中散大夫，亦当在本年或略前。中散大夫本掌顾问应对，无常事，如《王脩传》注引《魏略》曰："脂习字元升，京兆人也。……至黄初，诏欲用之，以其年老，然嘉其敦旧，有栾布之节，赐拜中散大夫，还家。年八十余卒。"可知嵇康虽为中散大夫，亦无妨家居。时刘伶亦未仕。《刘伶传》："尝为建威参军，泰始初对策，盛言无为之化，时辈皆以高策得调，伶独以无用罢。"泰始为晋武帝司马炎年号，事离阮籍死后约三四年，则其为建威参军亦不会甚早。向秀于嵇康被杀后才入洛。王戎、阮咸均尚未仕。再后，阮籍于正始十年（249）为司马懿从事中郎，以后未有去职之记载。故七人共为竹林之游，应在这两年。

又托名陶渊明的《集圣贤群辅录》曰："魏步兵校尉陈留阮籍，字嗣宗，中散大夫谯嵇康，字叔夜，……右魏嘉平中，并居河内山阳，共为竹林之游，世号竹林七贤。见《晋书》《魏书》，袁宏、戴逵为传，孙统又为赞。"《集圣贤群辅录》北齐时阳休之已编入陶集，则在北齐或稍前已有竹林之游时在嘉平一说。或嘉平中七人尚偶作竹林之游，或出于传闻之误，录以存疑。

其游地当以山阳为中心。《水经注·清水》："又迳七贤祠东，左右筠篁列植，冬夏不变贞萋。魏步兵校尉陈留阮籍，中散大夫谯国嵇康，晋司徒河内山涛，司徒琅邪王戎，黄门侍郎河内向秀，建威参军沛国刘伶，始平太守阮咸等，同居山阳，结自得之游，时人号之为竹林七贤。向子期所谓山阳旧居也。"由此可见，七人在一个时期曾同居山阳。王戎居山阳为时已久，《嵇康传》曰："戎自言与康居山阳二十年，未尝见其喜愠之色。"（《世说新语·德行》仅云"与嵇康居二十年"，未明言山阳）按山阳其地，后此尚有故迹保存。唐李吉甫《元和郡县志》卷十六修武县曰："天门山：今谓之百家岩，在县西北三十七里，以岩下可容百家，因名。上有精舍，又有锻灶处所，即嵇康所居也。"宋·乐史《太平寰宇记》卷五三河内县载："嵇康锻灶：康即晋之七贤，今有竹林，并锻灶之所尚存。"修武县载："天门山：今谓之百家岩，在县西北三十七里，以岩下可容百家，因名。上有精舍，又有锻灶处所，云即嵇康所居。《图经》云：岩有刘伶醒酒台，孙登长啸台，阮氏竹林，嵇康淬剑池，并在寺之左右。山阳城北有狄山，即嵇康园宅也。"其后《修武县志》等均有记载，可见其影响深远。

七人同居于此，年岁、辈分虽有不同，然或酣饮，或长啸，或抚琴，裸袒披发，蔑礼违俗，共结自得之游。《世说新语·任诞》曰："陈留阮籍，谯国嵇康，河内山涛，三人年皆相比，康年少亚之。预此契者，沛国刘伶，陈留阮咸，河内向秀，琅邪王戎，七人常集于竹林之下，肆意酣畅。故世谓竹林七贤。"按此时阮籍年三十八，山涛最长，四十三，嵇康二十五，王戎十八。余三人无考。

　　七人相处极密，然亦志趣有异，今列举几例。嵇康极推崇阮籍，《与山巨源绝交书》曰："阮嗣宗口不论人过，吾每师之，而未能及。"《晋书·向秀传》曰："康善锻，秀为之佐，相对欣然，傍若无人。""(秀)清悟有远识，少为山涛所知。"《世说新语·贤媛》曰："山公与嵇阮一面，契若金兰。山妻韩氏，觉公与二人异于常交，问公。公曰：'我当年可以为友者，唯此二生耳！'妻曰：'负羁之妻，亦亲观狐赵，意欲窥之，可乎？'他日，二人来，妻劝公止之宿，具酒肉。夜穿墉以观之，达旦忘反。公入曰：'二人何如？'妻曰：'君才致殊不如。正当以识度相友耳！'公曰：'伊辈亦常以我度为胜。'"又《排调》曰："嵇阮山刘在竹林酣饮，王戎后往。步兵曰：'俗物已复来，败人意。'王笑曰：'卿辈意亦复可败邪？'"又《文学》注引《向秀别传》曰："秀与嵇康、吕安为友，趣舍不同。嵇康傲世不羁，安放逸迈俗，而秀雅好读书。二子颇以此嗤之。"

阮籍子浑欲预竹林之游，籍止之。

　　《晋书·阮籍传》曰："子浑，字长成，有父风。少慕通达，不饰小节。籍谓曰：'仲容已豫吾此流，汝不得复尔。'"按本年阮籍年三十八，其子尚少，故史云"少慕通达"。浑见父作竹林之游，欲效之。籍因有不得已之苦衷在，故止之。其事亦当不出此两年内。

当竹林之游时，即本年或下一年，伏义有《与阮嗣宗书》，阮籍有《答伏义书》。

　　细读两书，有下列理由可推知作于竹林之游时。其一，伏义书中称阮籍"饱食安卧，囊悬室罄。力牵于役，财凋于赋，养生之具，乱于细民，为壮士者，岂能然乎?"此述阮籍之经济生活。答书曰："夫人之立节也，将舒网以笼世，岂樽樽以入闳;方开模以范俗，何暇毁质以通检。若良运未协，神机无准，则腾精抗志，邈世高超。"此为对曹爽辈之态度，亦可知阮籍时未居官也。其二，伏义所述当时阮籍放诞行为是："长啸慷慨，悲涕潺湲，又或拊腹大笑，腾目高视。形性怕张，动与世乖;抗风立候，蔑若无人。"此真为竹林之游作写照也。其三，伏义书曰："善子者欲斤斫以拒□朴，恶子者欲抽键以骛空虚。""众论云扰，佥称大异。"则时阮籍已负名望，与外界接触多矣，非初辞蒋济辟时可知也。其四，阮籍答书曰："比连疢愦，力喻不多。"亦可与本传所云之"因以疾辞，屏于田里"之说互为表里。

作《大人先生传》。

《大人先生传》按钱振东《评传》谓阮籍四十八岁时(甘露二年，257)作，未书所据。朱偰《阮籍年谱》谓："景元初，籍尝奉司马昭命往见孙登，……遂归著《大人先生传》。"董众《阮步兵年谱》又系于甘露三年，曰："登苏门山遇孙登，归著《大人先生传》。"其论据是："据《孙登传》，知阮籍之遇孙登，在正元二年文帝辅政之后，嵇康被刑之三年前。嵇康诛于景元四年，故系于此。"陆侃如《中古文学系年》亦据《晋书·孙登传》说，系于正元二年。吴文治《中国文学史大事年表》同。

按阮籍之见苏门先生，或称孙登，考之古籍，众说纷纭，莫衷一是，今择其要者录于下:

阮籍《大人先生传》曰："大人先生，盖老人也，不知姓氏……

莫知其生年之数，尝居苏门之山。"

王隐《晋书》曰："孙登，即阮籍所见者也，嵇康执弟子礼而师焉。"（见《世说新语·栖逸》注）

孙盛《魏氏春秋》曰："阮籍……尝游苏门山，有隐者，莫知姓名，有竹实数斛，杵臼而已。籍闻而从之，谈太古无为之道，论五帝三王之义。苏门先生翛然，曾不眄之。籍乃嘐然长啸，韵响寥亮。苏门先生乃迪尔而笑。籍既降，先生喟然高啸，有如凤音。籍素知音，乃假苏门先生之论，以寄所怀。其歌曰：'日没不周西，月出丹渊中。阳精晦不见，阴光代为雄。亭亭在须臾，厌厌将复隆。富贵俯仰间，贫贱何必终。'"（《世说新语·栖逸》注引），按：《太平御览》卷三九二所引略同，只是点明了"阮籍少时，尝游苏门山"。

《魏氏春秋》又曰："初，康采药于汲郡共北山中，见隐者孙登，康欲与之言，登默然不对。逾时将去，康曰：'先生竟无言乎?'登乃曰：'子才多识寡，难乎免于今之世。'"（见《王粲传》注引）按孙盛所记，阮籍与嵇康所见者似为二人。阮籍所见者为"莫知其姓名"的隐者，嵇康所见者为孙登。《水经注·洛水》郦道元按：孙盛《魏（氏）春秋》亦言在苏门山，又不列姓名，阮嗣宗感之，著《大人先生论》。言吾不知其人，既神游自得，不与物交。阮氏尚不能动其英操，复不识何人而能得其姓名。可见郦氏所见《魏氏春秋》，阮籍所见者也是莫知其姓名的隐者。至北宋乐史的《太平寰宇记》，卷五六所引《魏氏春秋》则云："阮籍见孙登长啸，有凤凰集登所隐之处，故号登为苏门先生。"就把莫知姓名的隐者与孙登合为一人了。

《竹林七贤论》曰："籍常箕踞啸歌，酣放自若。时苏门山中，忽有真人在焉。籍亲往寻，其人拥膝岩颠，遂登岭从之，箕坐相对。籍乃商略终古以问之，仡然不应。籍因对之长啸。有间，彼乃斠然笑曰：'可更作。'籍乃为啸，意尽退。还半岭，岭颠嘈然有声，若数部鼓吹。顾瞻，乃向人啸也。"（见《艺文类聚》卷十九，又《太平御览》卷三九二）"籍归，遂著《大人先生论》，所言皆胸怀间本趣，大意谓先生与己不异也。"（《世说新语·栖逸》注）

《孙登别传》曰："孙登，魏末处邛北山中（按："邛"当为"共"字之误。《晋书·孙登传》称，登为汲郡共人。"共北山"，也称"共山"，在今河南辉县北，为苏门山之别阜。又《艺文类聚》卷四四、《太平御览》卷五七九作"魏末居北山中"。又《太平御览》卷三九二引作"当魏末，共处北山中"。"共处"二字当为误倒），以石室为宇，编草自覆。阮嗣宗闻登而往造焉。适见苦（苫）盖被发，端坐岩下鼓琴。嗣宗自下趋之。既坐，莫得与言。嗣宗乃嘲嘈长啸，与鼓琴音谐雍雍然。登乃逌尔而笑，因啸和之，妙响动林壑。"（《艺文类聚》卷十九、卷四四，又《太平御览》卷三九二、卷五七九）

刘义庆《世说新语·栖逸》曰："阮步兵啸，闻数百步。苏门山中忽有真人，樵伐者咸共传说。阮籍往观，见其人拥膝岩侧。籍登岭就之，箕踞相对。籍商略终古，上陈黄农玄寂之道，下考三代盛德之美以问之，仡然不应。复叙有为之教，栖神导气之术以观之，彼犹如前，凝瞩不转。籍因对之长啸。良久，乃笑曰：'可更作。'籍复啸，意尽退还。半岭许，闻上嘈然有声，如数部鼓吹，林谷传响。顾看，乃向人啸也。"

臧荣绪《晋书》曰："孙登尝经宜阳山，作炭人见之，与语，登不应。作炭者觉其情神非常，咸共传说。太祖闻之，使阮籍往观，与语，亦不应。籍因大啸。登笑曰：'复作向声。'又为啸。求与俱出；登不肯。籍因别去。登上峰，行且啸，如箫韶笙簧之音，声振山谷。籍怪而问作炭人，作炭人曰：'故是向人声。'籍更求之，不知所止。推问久之，乃知姓名。"（《水经注》卷十五洛水）

《晋书·阮籍传》曰："籍尝于苏门山遇孙登，与商略终古及栖神导气之术，登皆不应，籍因长啸而退。至半岭，闻有声若鸾凤之音，响乎岩谷，乃登之啸也。遂归著《大人先生传》，其略曰：'……'此亦籍之胸怀本趣也。"

又《孙登传》曰："孙登，字公和，汲郡共人也。无家属，于郡北山为土窟居之，……尝住宜阳山，有作炭人见之，知非常人。与语，登亦不应。文帝闻之，使阮籍往观，既见与语，亦不应。嵇康又从之游三年，问其所图，终不答。"

由以上各种记载来看，阮籍所见者何人，见于何时、何地，说者各异。如所见的时间，有孙盛《魏氏春秋》的"阮籍少时"说，有臧荣绪《晋书》、房玄龄等《晋书·孙登传》的"太祖""文帝"，也即是司马昭使阮籍往见孙登说。这里的时间差距就很长了。"少时"之说固然不可信，司马昭时写《大人先生传》也不太可能。朱偰只据部分史料，似不足据以系年。董众《年谱》据《晋书·孙登传》立说，理实不足。《孙登传》亦未言康之遇登，在其"被刑之三年前"，仅云"嵇康又从之游三年，问其所图，终不答"。且《晋书·阮籍传》与《孙登传》所记亦不同，不足信据。核之上引诸文，其失考显然。

今从《大人先生传》的内容等方面看，它应作于竹林之游时。理由主要是：传中尖锐抨击"君子""礼法"，其辞气与后期作品截然不同，而应为血气方刚的竹林之游时所作。若写于后期，司马昭当政时，以"名教"为篡权工具的司马氏，决不容其如此了。其时的阮籍，只是"至慎""不臧否人物"，恐不会说出"汝君子之礼法，诚天下之残贼，乱危、死亡之术耳"等的话了。再加以《大人先生传》提到的苏门山，位于河南辉县西北，与竹林游地接壤，这也可作一佐证。

正始九年戊辰(248) 三十九岁

曹爽骄奢，司马懿阴与其子中护军司马师、散骑常侍司马昭谋诛爽。(《资治通鉴》)时阮籍或仍居山阳，作竹林之游。

作《达庄论》。

董众《年谱》曰："《达庄论》曰：'伊单阏之辰，执徐之岁，万物权舆之时，季秋遥夜之月。'《尔雅•释天》：'太岁在卯曰单阏，在辰曰执徐。'《左传》昭公七年：'日月之会是谓辰。'杜注：'一岁日月十二会，所会谓之辰。《尚书•尧典》：历象日月星辰。孔疏：'日行迟，月行疾，每月之朔，月行及日而与之会。'"

众按：陈垣《二十史朔闰表》，本年九月朔为辛卯，故系之本年。"

民按：这是把"单阏之辰"理解为初一为卯日。又陈伯君《阮籍集校注》把"单阏之辰"理解为卯年。其说曰："阮籍在生之年，凡五遇卯、辰之岁：一、汉献帝建安十六年(辛卯)、十七年(壬辰)，时年二三岁。二、魏文帝黄初四年（癸卯）、五年（甲辰），时年十四五岁。三、魏明帝青龙三年（乙卯）、四年（丙辰），时年二十六七岁。四、魏齐王芳正始八年（丁卯）、九年（戊辰），时年三十八九岁。五、魏高贵乡公髦甘露四年（己卯）、五年（庚辰），时年五十、五十一岁。高贵乡公于甘露五年五月被害，而观此文首段忧来无端，无可奈何之情绪，今假定系作于最后之一个辰年，或不远于事实。"

按：陈伯君的推断，系一文写作于两年，似无是理。那么"单阏之辰""执徐之岁"当如何理解呢？其实，用通俗一些的话来说，就是"卯日初一，岁在辰年"。考陈垣《二十史朔闰表》，方诗铭、方小芬《中国史历日和中西历日对照表》，正始九年为戊辰年，其九月初一为辛卯日。阮籍其他在世时的辰年，初一为卯日的，有青龙四年丙辰，初一为卯日的在五月；甘露五年庚辰，其初一为卯日的在二月及十二月，均不合下句"季秋遥夜之月"的九月，故《达庄论》应作于正始九年。那么，为什么又有"万物权舆之时"的说法呢？据《淮南子·天文训》"单阏之岁"高诱注说："单，尽；阏，止也。阳气推万物而起，阴气尽止也。"又曰："执，蛰；徐，舒也。伏蛰之物，皆散舒而出也。""万物权舆之时"即本此。正始九年，正是竹林之游时，符合《达庄论》的写作背景。

正始十年、嘉平元年己巳（249）　四十岁

正月，司马懿杀曹爽及曹羲、曹训、何晏、邓飏、丁谧、毕轨、李胜、桓范等，俱夷三族。事后，以太傅司马懿为丞相，加九锡。懿

不受。右将军夏侯霸因曹爽故，惧而奔蜀。（《三少帝纪》《曹爽传》《资治通鉴》）

阮籍于本年为太傅司马懿参军，旋转太傅从事中郎。

《太平御览》卷二三八引《竹林七贤传（论）》曰："阮籍，字嗣宗，为太傅司马宣王参军，迁景王大将军从事中郎。"案此记载与《晋书》有异。《晋书》曰："宣帝为太傅，命籍为从事中郎。及帝崩，复为景帝大司马从事中郎。"或《太平御览》所引，略去其间变动，仅记其首尾故也。盖阮籍或先为太傅司马懿参军，寻迁从事中郎。懿死，籍又为司马师抚军大将军从事中郎。越明年，司马师为大将军，籍又为大将军从事中郎。

又阮籍为司马懿起用之年，史不载，本传仅云"宣帝为太傅，命籍为从事中郎"。司马懿于景初三年即为太傅，时阮籍尚未出仕。至正始八年，懿称疾，不与政事，籍亦辞曹爽参军，居山阳。曹爽死后，阮籍才被起用，故系于本年。

时阮籍入洛后，或卜居于阮曲。

《水经注·穀水》："穀水又东南，转屈而东注，谓之阮曲，云阮嗣宗之故居也。"

阮籍、王戎曾共饮，时刘昶在坐，不得一杯。

《世说新语·简傲》："王戎弱冠，诣阮籍，时刘公荣在坐。阮谓王曰：'偶有二斗美酒，当与君共饮，彼公荣者无预焉。'二人交觞酬酢，公荣遂不得一杯。而言语谈戏，三人无异。或有问之者，阮答曰：'胜公荣者，不得不与饮酒；不如公荣者，不可不与饮酒，唯公荣可不与饮酒。'"按本年王戎弱冠，故系于此。又《晋阳秋》所记与此略异："戎尝诣籍共饮，而刘昶在坐，不与焉。昶无恨色。既而或问籍曰：'彼为谁也？'曰：'刘公荣也。'濬冲曰：'胜公荣故与酒，不如公荣不可与酒，唯公荣者可不与酒。'"《竹林七贤论》则点出刘公荣为"通士""好酒""刘公荣通士，性尤好酒，籍与戎酬酢终日，而公荣不蒙一杯，三人各自得也"。（均见《世说新语·简傲》注引）《晋书·王戎传》则云："时兖州刺史刘昶字公荣在坐。"考本年兖州刺史为令狐愚（《令狐愚传》）。刘昶于《三国志》《晋书》均无传，唯《世说新语·任诞》注引《晋阳秋》曰："字公荣，人通达，仕至兖州刺史。"故《王戎传》所云之"兖州刺史"，乃史书追述，非当时官职。又各书所记时有出入，盖传闻异辞也。

作《咏怀·其三十五》"世务何缤纷"。

其诗有云："壮年以时逝，朝露待太阳。"按《礼记·曲礼》云："三十曰壮有室，四十曰强而仕。"孔颖达疏："'四十曰强而仕'者，三十九以前通曰壮。"故系于本年。

嘉平二年庚午（250） 四十一岁

阮籍仍为太傅司马懿从事中郎。

嘉平三年辛未（251） 四十二岁

八月，司马懿死，以卫将军司马师为抚军大将军，录尚书事。（《三少帝纪》）

阮籍于司马懿死后，为抚军大将军司马师从事中郎。

按《晋书》本传曰："及帝（司马懿）崩，复为景帝大司马从事中郎。"考司马师未尝为大司马，此为死后追加之号。本年当为景帝抚军大将军从事中郎。

嘉平四年壬申（252）　四十三岁

正月，以抚军大将军司马师为大将军。（《三少帝纪》）

阮籍由抚军大将军从事中郎转为大将军从事中郎。

《太平御览》卷二三八引《竹林七贤传（论）》云："迁景王大将军从事中郎。"又阮籍《首阳山赋》序曰："正元元年秋，余尚为中郎，在大将军府。"正元元年之大将军仍为司马师，可见阮籍曾随司马师由抚军大将军从事中郎转为大将军从事中郎。

司马昭为子炎求婚于阮籍，当在本年以后。

《晋书》本传曰："文帝初欲为武帝求婚于籍，籍醉六十日，不得言而止。"按司马炎生于明帝青龙四年（236），司马懿死时司马炎仅十六岁。如谓此事在司马懿死前，似太早，死后又有丧，故最早不得早于十七岁。故暂系于此。

作《鸠赋》。

其序曰："嘉平中，得两鸠子，常食以黍稷，后卒为狗所杀，故为作赋。"按其云"嘉平中得"，"后"为狗所杀，则作赋时应略后，今姑系于此。

《咏怀诗·其四十八》"鸣鸠嬉庭树"，或与《鸠赋》同时作。

黄节《阮步兵咏怀诗注》曰："嗣宗《鸠赋》序云：'嘉平中，得两鸠子，常食以黍稷，后卒为狗所杀，故为作赋。'此诗盖缘是而作欤？"其说可从。

嘉平五年癸酉（253）　四十四岁

阮籍为大将军从事中郎。

嘉平六年、高贵乡公曹髦正元元年甲戌（254）　四十五岁

九月，司马师废曹芳，迁之河内。（《三少帝纪》）

秋，作《首阳山赋》。

　　其序曰："正元元年秋，余尚为中郎，在大将军府，独往南墙下，北望首阳山，作赋曰"云云。按此语气，此序似后加。

十月，高贵乡公曹髦立，改元正元。（《三少帝纪》）

封阮籍为关内侯，徙散骑常侍。（《阮籍传》）

正元二年乙亥（255）　四十六岁

闰正月，司马师死。二月，以卫将军司马昭为大将军，录尚书事。（《三少帝纪》）

阮籍为东平相，至任，旬日而还。

　　《晋书·阮籍传》曰："及文帝辅政，籍尝从容言于帝曰：'籍平生曾游东平，乐其风土。'帝大悦，即拜东平相。籍乘驴到郡，坏府舍屏鄣，使内外相望。法令清简，旬日而还。"记此事者，又有《世

说新语·任诞》注和《太平御览》卷四百九十八引《文士传》，九百一引《晋阳秋》，《文选·五君咏》注引臧荣绪《晋书》。

作《东平赋》。

据载，阮籍曾前后两次至东平。初次"乐其风土"，与本赋旨意不合。因赋曰："其居处壅翳蔽塞，宛邃弗章，倚以陵墓，带以曲房，是故居之则心昏，言之则志哀。悸罔徙易，靡所宿怀。"故可知为本年东平相时所作。

路经亢父时，作《亢父赋》。

"亢父"，阮集作"元父"，唯正文中"元"下注"一作亢"。从地名考之，作"亢"为是。明天启三年序刻本《阮嗣宗集》正作"亢父"，今从正。亢父为古代由河南至山东的通道。《史记·苏秦传》，苏秦说齐王曰："今秦之攻齐则不然，倍韩魏之地，过卫阳晋之道，径乎亢父之险——车不得方轨，骑不得比行，百人守险，千人不敢过也。"阮籍往返东平，或曾取道于此。其赋序曰："登其城，使人愁思，作赋以记之，言不足乐也。"赋有句曰："如何君子，栖迟斯邦。"与《东平赋》之"孰斯邦之可集"意同，故系于本年。又赋序曰："吾尝游亢父"，则为追记之词。

东平归后，作大将军司马昭从事中郎。

本传曰："旬日而还，帝引为大将军从事中郎。"又本传所记之"有司言有子杀母"事，或即在此时。

为步兵校尉。

本传曰："籍闻步兵厨营人善酿，有贮酒三百斛，乃求为步兵校尉。"此事本传不载年月。《晋书·何曾传》曰："时步兵校尉阮籍负才放诞，居丧无礼。"《资治通鉴》曰："阮籍为步兵校尉，其母卒。"考籍母于本年去世（说见下），故知阮籍亦于这年为步兵校尉。但"虽去佐职"，仍然"恒游府内，朝宴必与焉"。

母卒。

本传曰："性至孝，母终，正与人围棋，对者求止，籍留与决赌，既而饮酒二斗，举声一号，吐血数升。及将葬，食一蒸肫，饮二斗酒，然后临诀，直言穷矣，举声一号，因又吐血数升，毁瘠骨立，殆致灭性。"此又见《世说新语·任诞》及其注所引邓粲《晋纪》（《晋纪》又见《太平御览》卷七四三引）《资治通鉴》等。

籍于母丧不拘常检，礼法之士疾之若仇，可以何曾为代表。《世说新语·任诞》曰："阮籍遭母丧，在晋文王坐，进酒肉。司隶何曾亦在坐，曰：'明公方以孝治天下，而阮籍以重丧显于公坐，饮酒食肉，宜流之海外，以正风教。'文王曰：'嗣宗毁顿如此，君不能共忧之，何谓？且有疾而饮酒食肉，固丧礼也。'籍饮啖不辍，神色自若。"

也有部分通达之士与之相得，如《晋书》本传载："裴楷往吊之，籍散发箕踞，醉而直视。楷吊唁毕便去。或问楷：'凡吊者，主哭，客乃为礼；籍既不哭，君何为哭？'楷曰：'阮籍既方外之士，故不崇礼典；我俗中之士，故以轨仪自居。'时人叹为两得。"此又见《世说新语·任诞》及注引《名士传》等，其事大同小异。唯《太平御览》卷五百六十一引《裴楷别传》所记，点明了裴楷之年岁及阮籍更为放达之神态："陈留阮籍遭母丧，楷弱冠往吊，籍乃离丧位，神志晏然，至乃纵情啸咏，傍若无人。楷不为改容，行止自若。遂便率情独哭，哭毕而退，威容举动无异。"

受到青眼相待者为阮籍之好友，自称以师事阮籍之嵇康。嵇康之兄嵇喜则受到白眼相待。本传曰："籍又能为青白眼，见礼俗之士，以白眼对之。及嵇喜来吊，籍作白眼，喜不怿而退。喜弟康闻之，乃赍酒挟琴造焉。籍大悦，乃见青眼。由是礼法之士疾之若仇。"按《世说新语·简傲》注引《晋百官名》曰："康闻之，乃赍酒挟琴而造之，遂相与善。""遂相与善"四字不确，阮、嵇之相善不始于此时。

从记载中，可为阮籍母卒年提供线索的，一为《世说新语·任诞》和《资治通鉴》所标明的"司隶何曾"；二为《裴楷别传》所说的裴楷"弱冠往吊"。

按何曾为司隶校尉，在嘉平六年（即正元元年）至正元二年间。因《三少帝纪》注引《魏书》，为废曹芳而共奏永宁宫的署名中，有"司隶校尉颍昌侯臣曾"，又《何夔传》注引干宝《晋纪》曰："（曾）正元中为司隶校尉，时毌丘俭孙女适刘氏，以孕系廷尉。"考毌丘俭事发生在本年，故《晋纪》"正元中"当指正元二年。又《晋书·何曾传》曰："曾在司隶积年，迁尚书，正元中为镇北将军都督河北诸军。"其云"积年"，正谓正元元年至正元二年，其为司隶校尉亦终于是年。（按：《晋书·何曾传》有关这段记载错乱极多，其曰："嘉平中为司隶校尉。抚军校事尹模凭宠作威，奸利盈积，朝野畏惮，莫敢言者，曾奏劾之，朝庭称焉。时曹爽专权，宣帝称疾，曾亦谢病。爽诛，乃起视事。魏帝之废也，曾预其谋焉。时步兵校尉阮籍负才放诞，居丧无礼，曾面质籍于文帝座曰：……因言于帝曰：'公方以孝治天下，而听阮籍以重哀饮酒食肉于公座……'"云云。文既云嘉平中为司隶校尉，何来"时曹爽专权"。爽专权，懿引退；是早在正始八年，此其一。称魏帝之废，曾预其谋，魏帝指曹芳，因废曹芳而共奏永宫的署名中有何曾之名。按废曹芳为司马师，又何来"时"阮籍居丧无礼而何曾面质于司马昭云云，此其二。故不可据此而推论阮籍丧母于司马师废曹芳之年）又阮籍先为东平相，继为从事中郎，复为步兵校尉，为步兵校尉时丧母，而阮籍本年才为东平相，故正元元年何曾为司隶校尉时为不可能，则知必于本年丧母。司隶校尉之职，本掌察举百官，故何曾为司隶校尉时谮阮籍，亦犹钟会于司隶校尉时害嵇康然。

又《裴楷别传》所云之"弱冠往吊"，楷何年弱冠？考之《晋书·裴楷传》：元康元年（291）楚王司马玮被杀，以楷为中书令，加侍中，与张华、王戎并管机要。王浑为楷请，称光禄勋缺，楷可用："今张华在中书，王戎在尚书，足举其契。""不听，就加光禄大夫开府仪同三司。及疾笃，诏遣黄门郎王衍省疾……其年而卒，时年五十五。"按晋元康元年，王戎以仆射兼吏部尚书，张华为中书监。《晋书·张华传》曰："及玮诛，以首谋功拜右光禄大夫，开府仪同三司、侍中中书监，金章紫绶，固辞开府。"张华固辞开府的原因，《北堂书钞》卷五十七引《晋诸公赞》曰："裴楷字叔则，为中书令，加侍中光禄大夫，与张华俱处机密。华、楷一时名望，而华独开府，时皆责之，华不敢授，寻进楷开府。"则裴楷之为开府仪同三司，当亦在是年。本传又云："及疾笃"，则又于是年病死。裴楷以元康元年病死，年五十五，上推至正元二年阮籍母病死时，应年十九岁。古人二十左右即称弱冠，则《裴楷别传》所云之"弱冠"，盖为近之。陆侃如《中古文学系年》把阮籍为步兵校尉及母丧系于甘露三年，并说"假定在自东平归后二三年"。吴文治《中国文学史大事年表》亦据以系年，不确。陈伯君《阮籍年表》系步兵校尉于景元三年，亦非。

与王沈、荀颢共撰《魏书》，多为时讳。

《晋书·王沈传》："正元中，迁散骑常侍、侍中，典著作，与荀颢、阮籍共撰《魏书》，多为时讳，未若陈寿之实录也。"

正元三年、甘露元年丙子(256) 四十七岁

甘露二年丁丑(257) 四十八岁

五月，征东大将军诸葛诞起兵于寿春，称臣于吴，司马昭击之，吴遣兵援诞。九月，吴因数败于魏，引还。(《三少帝纪》《资治通鉴》)

司马昭击诸葛诞时，阮籍作《咏怀·其二十五》"拔剑临白刃"。

蒋师爚《咏怀诗注》曰："《阮籍传》：籍有济世志，属魏晋之际，天下多故，由是不与世事。钟会数以时事问之，欲因其可否而致之罪。《钟会传》：司马景王东征，会从，典知密事，故云'但畏工言子，称我三江旁'。"蒋谓此诗因钟会而作，其说良是。然蒋氏引《三国志》，以为是征毌丘俭之役，则误矣。此诗首"日月径千里，素风发微霜"之句。《初学记》云："(秋)风曰商风、素风。"则知其时为秋令也。而毌丘俭之役，始于正始二年正月，旋败死，未能入秋节，

则蒋氏之误可知也。是诗乃作于诸葛诞之役。诗曰，"拔剑临白刃"，时正有战事也。《钟会传》："甘露二年征诸葛诞为司空，时会丧宁在家，策诞必不从命，驰白文王。文王以事已施行，不复追改。及诞反，车驾住项。文王至寿春，会复从行。……寿春之破，会谋居多，亲待日隆，时人谓之子房。"诸葛诞起兵寿春。故谓"三江旁"也。诞五月起兵，次年败，此诗作于甘露二年秋，时节正合也。

甘露三年戊寅(258)　四十九岁

二月，司马昭攻破寿春，杀诸葛诞。五月，命大将军司马昭为相国，封晋公，食邑八郡，加九锡。昭九让乃止。(《三少帝纪》《晋书·文帝纪》)

作《为郑冲劝晋王笺》。

《晋书·文帝纪》以此笺系之景元四年冬十月，且云此笺进，昭"乃受命"。考《文选》李注与此说有异："臧荣绪《晋书》曰：'魏帝封晋太祖为晋公，太原等十郡为邑，进位相国，备礼九锡，太祖让不受。公卿将校皆诣府劝进，阮籍为其辞。'魏帝，高贵乡公也。太祖，晋文帝也。"据此，则为曹髦时事，非曹奂时事也。

《晋书·文帝纪》把此笺系于景元四年冬，盖其时有伐蜀之胜，又封司马昭为晋公事也。《文帝纪》曰："天子以诸侯献捷交至。"《资治通鉴》亦曰："诏以征蜀诸将献捷交至，复命大将军昭进位。"试问，此笺若为此而作，何笺中无一字提及伐蜀献捷之事，而仅言及破姜维与平诸葛诞？故卢弼《三国志集解·三少帝纪》按曰："《晋书·文帝纪》载此笺于景元四年，然据《文选》注谓魏帝为高贵乡公，而笺中亦无征蜀献捷之事，以此知《晋书》为误。又按《阮籍传》籍景元四年冬卒，则此笺为高贵乡公时所作无疑。"其云笺无征蜀献捷之事，最为得之；《文选》注亦为一得力之佐证。然以阮籍景元四年冬卒不可能写劝进笺则非。因冬月写此笺，其后不久即去世，非无此可能。本年司马昭破寿春，杀诸葛诞，又晋封晋公，九让乃止，故系于此。

甘露五年，常道乡公曹奂景元元年庚辰(260)　五十一岁

五月，曹髦自讨司马昭，不克，死。事后，诛王经。王沈以功封安平侯，诛成济兄弟。

六月，常道乡公曹奂立，年十五。(《三少帝纪》《资治通鉴》)

景元三年壬午(262)　五十三岁

司马昭借故杀嵇康、吕安。

按嵇康被杀之年，其说不一。干宝、孙威、习凿齿诸书皆云正元二年。其说之谬，裴松之已辨之，不容置疑。《三国志》仅云"景元中"，未指何年。今从《资治通鉴》。

向秀入洛为官。

《世说新语·言语》云："嵇中散既被诛，向子期举郡计入洛。"

景元四年癸未(263)　五十四岁

八月，邓艾、钟会率师分道攻蜀。十月，吴以蜀告急，遣将攻魏。因"征蜀诸将献捷交至"，封司马昭为相国、晋公，加九锡。昭受之。十一月，邓艾至成都，刘禅降。(《邓艾传》《钟会传》《资治通鉴》)

于本年或稍前，作《与晋文王书荐卢播》。

按此书之确年不知。书称卢播时年三十二。考《晋书·周处传》，周处于元康七年，"与振威将军卢播、雍州刺史解系攻万年于六陌。将战，处军人未食，彤促令速进，而绝其后继。处知必败，……弦绝矢尽，播、系不救，……遂力战而没。"元康七年为公元 297 年，距阮籍之死已三十四年。若阮籍于司马昭初用事年荐之，则卢播其时已七十四岁，如此高龄带兵，恐乖事理。如为阮籍死年所荐，则播其时已六十六岁。其确年已不可考。

冬，阮籍卒。

本传曰："景元四年冬卒，时年五十四。"其著作有《魏步兵校尉阮籍集》十三卷。

据《隋书·经籍志》载有"魏步兵校尉阮籍集十卷"并云"梁十三卷，录一卷"。则知梁时其书为十三卷，至修《隋书》时已佚三卷。《旧唐书》《新唐书》均作五卷，《宋史·艺文志》复为十卷。《通志·艺文略》作十三卷，当为据史而录，非实有所见。《郡斋读书志》《直斋书录解题》均作十卷。

《宋志》又载阮嗣宗《通易论》一卷。清侯康《补三国艺文志》曰："胡一桂曰：阮嗣宗《通易论》一卷，凡五篇。案百三家阮步兵集载此论仅一篇，几三千言，未知为后人合并为阙佚矣。"按此《通易论》，《隋志》《旧唐志》《新唐志》均未见著录，或后人由阮集中抽出单行，故增此书。

至于后人所补之诸艺文、经籍志中所载，如《乐论》(丁国钧《补晋书艺文志》、秦荣光《补晋书艺文志》、吴士鉴《补晋书经籍志》)、《宜阳记》(侯康《补三国艺文志》，丁国钧、文廷式、秦荣光三家《补晋书艺文志》，吴士鉴《补晋书经籍志》。此记之逸文见《太平御览》卷四十二。明程荣刊《阮嗣宗集》、明潘璁本、《百三名家集》本及清严可均《全三国文》等均不载)、《通老论》(丁国钧、秦荣光、吴士鉴三家补志)、《达庄论》(秦荣光补志)等，《隋志》等书均不见著录，未必单独刊行过。

至秦荣光、吴士鉴二家补志中载有阮籍《晋纪》，恐非。阮籍卒于景元四年冬，未入晋也。又《太平御览》引用书目及引文中亦未见有阮籍之《晋纪》，这或为《奏记》之误。又丁国钧、秦荣光二家补志中载有阮籍《秦记》一种，这实乃《太平御览》之误。《太平御览》所引《秦记》之文，即为阮籍之《奏记》，把"奏"误作了"秦"。引文尚在，惜丁、秦二氏未深究耳。董众《年谱》亦从之，实为失考。

阮籍参与编写者有《魏书》。

说见正元二年。

参用书刊文献

陈赓平：《阮籍咏怀诗探解》，载《兰州大学学报》，1963(2)，1964(1)。

（清）陈沆：《诗比兴笺》，上海，中华书局上海编辑所，1959。

（晋）陈寿撰，陈乃乾校点：《三国志》，北京，中华书局，1959。

（清）卢弼集解：《三国志集解》，北京，古籍出版社，1957。

（清）丁福保辑：《全汉三国晋南北朝诗》，北京，中华书局，1959。

董众：《阮步兵年谱》，《东北丛镌》，1930(3)。

二十五史刊行委员会编：《二十五史补编》，北京，中华书局据开明书店原版重印本，1955。

（唐）房玄龄等撰：《晋书》，北京，中华书局，1974。

（清）管竭忠修，张沐等纂：《开封府志》，清同治五年补刻康熙三十四年刊本。

（宋）李昉等编：《太平御览》，北京，中华书局缩印《四部丛刊》三编影宋本，1960。

（唐）李吉甫著：《元和郡县图志》，北京，中华书局，1983。

（北魏）郦道元撰：《水经注》，北京，商务印书馆据《国学基本丛书》本纸型重印，1958。

（清）刘厚滋等修，王观潮纂辑：《尉氏县志》，清道光十一年刻本。

（南朝宋）刘义庆撰，（南朝梁）刘孝标注：《世说新语》，北京，中华书局用世界书局旧纸型校订重印《诸子集成》本，1954。

逯钦立辑校：《先秦汉魏晋南北朝诗》，北京，中华书局，1982。

陆侃如：《中古文学系年》，北京，人民文学出版社，1985。

（唐）欧阳询撰，汪绍楹校：《艺文类聚》，上海，上海古籍出版社，1982。

钱振东：《阮嗣宗评传》，载《新晨报副刊》，1929 年 12 月 25—30 日。

陈伯君校注：《阮籍集校注》，北京，中华书局，1987。

黄节注：《阮步兵咏怀诗注》，北京，人民文学出版社，1957。

（清）蒋师爚注：《阮嗣宗咏怀诗注》，清嘉庆四年敦艮堂刻本。

（宋）司马光编著，（元）胡三省音注：《资治通鉴》，北京，中华书局，1956。

（南齐）臧荣绪撰，（清）汤球辑：《晋书》，1920 年番禺徐绍棨汇编重印光绪《广雅书局丛书》本。

（宋）汪藻撰：《世说人名谱》，北京，文学古籍刊行社影印日本影宋绍兴八年董棻刻本《世说新语》附录，1956。

（清）吴士鉴、刘承干撰：《晋书斠注》，1928 年京师刻本。

（南朝梁）萧统编，（唐）李善注：《文选》，北京，中华书局缩印胡克家本，1977。

（清）严可均校辑：《全上古三代秦汉三国六朝文》，北京，中华书局，1958。

俞绍初著：《曹植年谱》，载《郑州大学学报》，1963(3)。

（宋）乐史撰：《太平寰宇记》，清光绪八年金陵书局刻本。

朱偰：《阮籍年谱》，载《东方杂志》，第 41 卷，第 11 期《阮籍咏怀诗之研究》附录，1945。

（清）周嘉猷撰：《南北史表》（上下），上海，商务印书馆，1937。

后 记

　　《曹植年谱考索》一稿，作于 20 世纪 70 年代末，未曾付印。承蒙谢巍先生在其所编的《中国历代年谱考录》(中华书局 1992 年版)作为稿本著录。我因工作性质变动，无暇顾及此稿的修订。直到 2014 年冬，年已八十有二，敝帚自珍，才想把这部已搁置了 30 余年的旧稿作一次修订。在旧稿的基础上，又广泛吸收了学术界新的研究成果，再加上自己一些新的思考，作了一次较大的修改，并重新誊录一次，成了今天这部约 10 万字的年谱。

　　年谱对曹植的一生作了较为详细的考订与勾勒。如今人往往把曹植定为曹操的三子，其实不然。今从史文中尚考知的曹操 25 子中，比曹植年长的除曹植的同母兄曹丕、曹彰外，还有刘夫人所生的长兄曹昂及同母弟铄，周姬所生的曹均，以及李姬所生的尚可存疑的曹子乘、曹子整等，故说曹植是三子是不对的。又如建安二十四年(219)曹仁为关羽所围，曹操派植带兵救曹仁之围，植醉不能受命。裴注引《魏氏春秋》说：植将行，曹丕逼而醉之。其实，这时曹植随曹操在汉中、洛阳一带，而曹丕奉命在邺留守，两不相值，何能逼醉曹植？显然并不可信。

年谱也尽量把曹植作品加以考订系年，如《登台赋》一篇，诸说纷纭。本谱从铜雀台的规模、始作年、完成年及写作史实、所写景物考定它作于建安十七年（212）春。又如《名都篇》，从所写名都为洛阳，又从洛阳由荒芜后的重建达到繁华的过程，以及贵族少年奢靡之风的形成，确定它为太和六年（232）之作。再如《白马篇》，考订它是以曹彰为原型的名作，大约作于建安二十三年（218）。

对某些作品，也作了疑伪的考辨，如《上九尾狐表》，九尾狐出现于黄初元年（220）十一月的鄄城县北，其时曹植为临淄侯居临淄，而行止又受到限制，何能于鄄城见九尾狐？疑为他人之作而误收者等，不备述。

书稿完成之后，曾谋求出版，未果。忽忽已到了2020年，我已成了龙钟老人，疾病缠身，对书稿能否出版，已不抱希望了。这时，忽遇热心的同事王宁教授，甘愿为拙作出版奔走联系，并由此取得了北京师范大学文学院的支助，北京师范大学出版社也答应出版，这是我衷心感谢的，并在此深表谢意。

至于《阮籍生平系年考略》，是我更早的习作，写作时间已经记不清了。原名本拟作《阮籍年谱拟稿》。后因史书杂记中对阮籍的事迹颇为简略，而阮籍的《咏怀诗》更是"百代之下，难以情测"，故书稿只称"拟稿"。拟稿中对阮籍的生平事迹作了多方考索，较为详细，但后来在文学院出版的《励耘学刊》（文学卷）中，我删去了大量可疑的文字。则是因为《咏怀诗》的系年关系。因此，书稿就改称《阮籍生平系年考略》了。就是今天与《曹植年谱考索》合为一书的文字。

　　《曹植年谱考索》和《阮籍生平系年考略》都是我早年的初稿，虽经晚年的修订或删节，但不尽如人意或错误的地方仍然会有不少，恳请读者不吝赐正。

图书在版编目(CIP)数据

曹植年谱考索·阮籍生平系年考略 / 祝鼎民著. —北京： 北京师范大学出版社， 2023.6
ISBN 978-7-303-28360-6

Ⅰ．①曹… Ⅱ．①祝… Ⅲ．①曹植（192－232）－年谱②阮籍（210－263）－年谱
Ⅳ．①K825.6②B235.95

中国版本图书馆 CIP 数据核字（2022）第 241706 号

曹植年谱考索·阮籍生平系年考略
CAOZHI NIANPU KAOSUO · RUANJI SHENGPING XINIAN KAOLÜE

祝鼎民 著

策划编辑：禹明超 责任编辑：禹明超 王 亮
美术编辑：王齐云 装帧设计：王齐云
责任校对：陈 民 责任印制：赵 龙

出版发行： 北京师范大学出版社	开本： 730mm × 980mm 1/16	版次： 2023 年 6 月第 1 版
印刷： 北京盛通印刷股份有限公司	印张： 14. 25	印次： 2023 年 6 月第 1 次印刷
经销： 全国新华书店	字数： 170 千字	定价： 62. 00 元

北京师范大学出版社　　　　　　　版权所有·侵权必究

http://www.bnup.com
北京市西城区新街口外大街 12-3 号
邮政编码： 100088
营销中心电话： 010-58805602
主题出版与重大项目策划部： 010-58805385

反盗版、 侵权举报电话： 010-58800697
北京读者服务部电话： 010-58808104
外埠邮购电话： 010-58808083
本书如有印装质量问题， 请与印制管理部联系调换。
印制管理部电话： 010-58808284